Sandra Blomann
Michaela Maier
Sven Rook
Julia Schlimok

Differenzierte Lesespurgeschichten Sachunterricht

Lerninhalte vermitteln und sinnentnehmendes Lesen fächerübergreifend in den Klassen 2 bis 4 fördern

Auer

Gedruckt auf umweltbewusst gefertigtem, chlorfrei gebleichtem
und alterungsbeständigem Papier.

1. Auflage 2016
Nach den seit 2006 amtlich gültigen Regelungen der Rechtschreibung

Covergestaltung: metamedien/Werbung und Mediendienstleistungen, Burgau
Illustrationen: Katharina Reichert-Scarborough
Satz: Fotosatz Buck, Kumhausen
Druck und Bindung: Franz X. Stückle Druck und Verlag, Ettenheim
ISBN 978-3-403-**07896**-8

www.auer-verlag.de

Inhalt

Liebe Kollegin, lieber Kollege,
liebe Leseförderin, lieber Leseförderer,

die vorliegenden Lesespurgeschichten verbinden in hervorragender Weise die Fächer Deutsch und Sachunterricht. Sie ermöglichen intensive Leseförderung durch Schulung der Sinnentnahme, bei gleichzeitig hohem inhaltlichen Sachbezug zu den Themen des Sachunterrichtslehrplans der 3. und 4. Klasse.

Die Lesespurgeschichten bieten sich deshalb zum **Einstieg in ein Sachunterrichtsthema**, parallel dazu als **Intensivierung** bzw. **Zusatzmaterial** oder zum **Abschluss als Wiederholung** bzw. **Vorbereitung auf eine Probe** an.

Bei Lesespurgeschichten geht es darum, verborgene Hinweise in einer bestimmten Reihenfolge aus einem Lesetext auf einer Landkarte zu verfolgen und die richtige Ziffernfolge bis zum Ziel aufzuschreiben. Dabei gibt es nur einen korrekten Weg und viele Sackgassen. Die Sackgassen bzw. Irrwege verweisen stets auf die letzte richtige Spur, sodass der Lesefortschritt gesichert ist.

Leitfaden zum Lesen von Lesespurgeschichten:
1. Zuerst liest man die Einleitung und Textabschnitt 1.
2. Dann versucht man, durch den in Textabschnitt 1 versteckten Hinweis, den nächsten Ort auf der Lesespurlandkarte zu finden.
3. Hat man den richtigen Ort auf der Karte gefunden, notiert man die zugeordnete Lesespur (Ziffer) auf der dafür vorgesehenen Linie und liest anschließend bei dieser Ziffer weiter.
4. Hat man den Hinweis falsch umgesetzt und liest bei einer verkehrten Spur weiter, verweist einen diese falsche Lesespur zur letzten richtigen Lesespur.

Grundsätzlich halten wir es für sinnvoll, in einer **ersten Unterrichtseinheit** eine Lesespurgeschichte **gemeinsam** zu erarbeiten. Sobald die Kinder Einsicht in die Funktionsweise gewonnen haben, können die anderen Geschichten komplett selbstständig erlesen werden. Zeitlich sind die Texte so ausgelegt, dass sie in 45 Minuten leicht bewältigbar sein sollten.
Vorrangiges Ziel ist die **Förderung des sinnentnehmenden Lesens**, ein weiteres Augenmerk liegt auch auf der **Entwicklung von Lesefreude**. Durch das kleinschrittige Vorgehen, die eingebauten Rätsel und die Möglichkeiten zur **Selbstkontrolle** sind die Geschichten für die Kinder hoch motivierend.
Zielgruppe sind vorrangig Leselernende ab dem Ende der 2. Jahrgangsstufe bis zur 4. Jahrgangsstufe. Einige Geschichten sind problemlos auch noch in der 5. Klasse einsetzbar.

Alle Lesespurgeschichten liegen in **differenzierter Form**, d. h. einmal für eher schwache (gekennzeichnet mit ☆) bzw. für eher starke Leser (gekennzeichnet mit ★) vor.

Die leichteren Geschichten haben:
- einen kürzeren Text,
- eine größere Schrift,
- eine einfachere Wortwahl,
- keine oder nur wenige zusätzliche Rätselaufgaben.

Für beide Versionen gibt es eine gemeinsame Lösungsseite. Je nach Vorgehensweise sind folgende **Möglichkeiten der Kontrolle** vorstellbar:
- im Nachhinein durch die Lehrkraft.
- gemeinsam im Klassenverband mithilfe einer Folie am Tageslichtprojektor.
- nach Abschluss der Geschichte selbstständig durch die Schüler mithilfe der Lösungsseite.
- selbstständig während des Leseprozesses durch die Schüler:
  Dazu werden die Lesespuren an die Tafel geschrieben und jeweils einzeln abgedeckt. Es darf immer nur bis zur aktuellen Lesespur aufgedeckt werden.

Auch methodisch bieten sich verschiedenste Möglichkeiten an. Es kann sowohl im Klassenverband, in Einzelarbeit, in Partnerarbeit oder in Gruppenarbeit gelesen werden. Besonders bewährt hat sich unserer Meinung nach das gemeinsame Lesen in **Partnerarbeit**. Hierbei können sich die Kinder gut gegenseitig unterstützen und durch das Gespräch über das Gelesene werden weitere **kommunikative Kompetenzen** geschult.

Inhaltsübersicht zu Lehrplanthemen des Sachunterrichts

Bereiche des Sachunterrichts	**Themen**	**Passende Geschichten**
Naturwissenschaft	Körper/Gesunde Ernährung/Obst und Gemüse	 **Auf dem Markt**
Technik Sozialwissenschaft Geographie	Verkehrszeichen und -regeln im Straßenverkehr/Verkehrsmittel Fahrrad	 **Im Großstadtdschungel unterwegs**
Sozialwissenschaft	Aufgaben und Ausrüstung der Feuerwehr	 **Ein aufregender Tag bei der Feuerwehr**
Naturwissenschaft	Pflanzen und Tiere im Lebensraum Wald	 **Als Naturforscher im Wald**
Naturwissenschaft	Pflanzen und Tiere am Lebensraum Gewässer	 **Auf Fotosafari am Teich**
Geographie	Orientierung auf einer Deutschlandkarte/Bundesländer, Städte und Sehenswürdigkeiten in Deutschland	 **Auf Entdeckungsreise durch Deutschland**
Geographie	Orientierung auf der Karte/Himmelsrichtungen/Kartenzeichen/Höhenlinien/Maßstab	 **Mit der Karte auf Schatzsuche**
Sozialwissenschaft	Zusammenleben in der Gemeinschaft/Abfalltrennung/demokratische Beteiligung	 **Auf Entdeckungstour in der Gemeinde**

Viel Vergnügen wünschen
Sandra Blomann, Michaela Maier, Sven Rook und Julia Schlimok

Lesespurlandkarte „Auf dem Markt“

Name: ______________________________ Datum: ______________

Name: ______________________ Datum: ______________

Auf dem Markt

Leonie geht in die 3. Klasse. Sachunterricht ist ihr absolutes Lieblingsfach. Heute besucht sie nach der Schule ihre Oma. Leider ist die alte Dame an diesem Tag nicht so fit, denn sie hat eine Erkältung.

Damit die kranke Oma nicht aus dem Haus muss, geht die Enkelin auf dem Markt für sie einkaufen. Zum Glück hat Leonie viel über gesunde Ernährung gelernt, sodass sie sich mit Obst und Gemüse sehr gut auskennt.

Sofort fährt Leonie mit ihrem Fahrrad los. Ob sie wohl alles auf dem Markt bekommt, was auf Omas Liste steht?

Beginne bei Nummer 1 mit dem Lesen! Schreibe die weiteren Nummern deiner Lesespur am Ende der Geschichte auf.

(1) Leonie ist ganz aus der Puste, als sie mit ihrem Fahrrad endlich den Markt erreicht. Nun kann der Großeinkauf losgehen. Sie läuft gleich zum nächsten Stand, wo sie eine freundliche Dame begrüßt.
Als Erstes kauft die Neunjährige für Oma ein faustgroßes Kernobst, das es in verschiedenen Farben gibt. Besonders gern mag Leonie die Obstsorte als Mus, als Saft oder einfach geschnitten in ihrer Pausenbox.

(2) Genau, Leonie kauft eine Gurke.
Als Nächstes steht ein weiteres Gemüse auf ihrem Zettel: Es ist rot und kugelförmig. Mama schneidet es gern in den Salat, aber auch als Soße zu Nudeln schmeckt es super.

(3) Nein, das sind Zitronen. Das sind zwar auch Zitrusfrüchte, doch sie haben eine andere Form als Orangen. Gehe noch mal zurück zu Nummer 12 und überlege genau.

(4) Ja, Erdbeeren könnte Leonie in riesigen Mengen verspeisen. Hoffentlich freut sich Oma auch darüber!
Das nächste Obst gehört zu den Zitrusfrüchten und wird oft auch Apfelsine genannt. Leonie presst mit ihrer Mama gern leckeren Saft daraus.

(5) Genau, das sind Kartoffeln!
Als Nächstes kauft Leonie nochmal etwas Kernobst: Diese Früchte haben eine lustige Form. Oben am Stängel sind sie dünn und nach unten werden sie immer dicker. Sie sehen ein wenig so aus wie die Teile, die man für Lampen braucht, damit Licht brennt: die Glüh …

(6) Richtig, Leonie bestellt Mandarinen.
Als Nächstes kauft sie ein Gemüse. Es ist lang und hat eine grüne Schale. Hauptsächlich besteht es aus Wasser und das Mädchen liebt es im Salat.

(7) Nein, das ist Knoblauch. Er hat auch einen ganz besonderen Geruch. Doch weinen muss man beim Schneiden dieses Gemüses nicht. Lies Nummer 17 noch mal und überlege ganz genau.

(8) Stimmt, Leonie kauft einen Apfel. Sie entscheidet sich für die etwas saure, grüne Sorte. Denn sauer macht ja bekanntlich lustig!
Als Nächstes lacht sie das orangene Steinobst an: Wenn man den großen Stein aus den runden Früchten entfernt, die so groß wie Tischtennisbälle sind, bleibt nur noch das süße Fruchtfleisch übrig. Daraus kann man auch leckere Marmelade machen. Die Früchte reimen sich auf das Wort „Badehosen".

(9) Gut gelesen! Leonie kauft Blumenkohl.
Dazu gibt es auf jeden Fall das nächste Gemüse zu essen: Diese braunen, eiförmigen Knollen wachsen unter der Erde auf Feldern. Sie schmecken auch als Brei sehr gut. Die Österreicher nennen sie Erdäpfel.

(10) Birnen kauft Leonie, ganz klar!
Damit der Obstsalat für Oma besonders gut schmeckt, wandert noch eine weitere Obstsorte in den Einkaufskorb: Diese wächst nicht bei uns in Deutschland und muss deshalb eingeflogen werden. Ihre stachelige Schale kann man nicht mitessen. Oma muss sie vor dem Verzehr entfernen. Das gelbe Fruchtfleisch schmeckt im reifen Zustand sehr süß. Leonie liebt sie auf dem Toast Hawaii.

(11) Richtig, sie braucht Karotten!
So, nun hat Leonie es fast geschafft. Es steht nur noch ein Punkt auf ihrer Liste: Dieses Obst muss unbedingt in ihren Obstsalat! Nach einem kurzen Blick hat sie die Früchte entdeckt. Köstlich sehen sie aus, diese länglichen, gelben Früchte! Auf ihren Schalen kann man allerdings leicht ausrutschen. Deshalb darfst du sie niemals einfach auf den Boden werfen! Denn das kann böse enden.

(12) Richtig, Leonie bestellt Orangen für Oma.
Als Nächstes kauft sie Früchte, die ganz ähnlich aussehen wie die letzten. Sie sind nur kleiner. Auch sie muss man vor dem Essen schälen. Der Nikolaus bringt den Kindern meistens einige davon.

(13) Ja, Zwiebeln zwicken oft in den Augen. Du kennst dich gut aus!
Der Einkauf ist noch nicht beendet. Als Nächstes steht ein Kohlgemüse auf Leonies Zettel. Mit seinen weißen Röschen sieht das Gemüse lustig aus.

(14) Genau, Leonie kauft süße Aprikosen. Die schmecken Oma bestimmt!
Als Nächstes steht ihr Lieblingsobst auf der Liste. Sie liebt die roten Früchte mit den kleinen grünen Blättern. Im Sommer pflückt die Drittklässlerin gern auf einem der nahegelegenen Felder haufenweise davon. Am liebsten isst sie die süße Köstlichkeit mit Vanilleeis und Schlagsahne.

(15) Nein, das sind Brokkoli. Die beiden Gemüsesorten sehen sich sehr ähnlich, aber die Röschen des Brokkoli sind grün. Lies noch einmal bei Nummer 13 nach.

(16) Richtig, Leonie kauft eine Ananas dazu.
Beinahe hätte sie noch eine wichtige Zutat für den Gemüseeintopf vergessen: Diese langen, meist orangen Gewächse entwickeln sich unter der Erde. Nur ihre Blätter schauen oben heraus. Auch Hasen lieben diese Gemüsesorte.

(17) Oh ja, Tomatensoße ist einfach lecker zu Nudeln!
Damit die Tomatensoße noch besser schmeckt, gibt man das nächste Gemüse in kleinen Stücken hinzu. Wenn Leonies Mama es schält und klein schneidet, fängt sie oft an zu weinen. Obwohl sie gar nicht traurig ist!

(18) Super! Als Leonie die Bananen einpackt, ist sie sehr erleichtert. Endlich hat sie es geschafft!
Nun kann sie zurück zu Oma düsen und ihr einen leckeren Gemüseeintopf kochen. Und damit Oma ganz schnell wieder gesund wird, gibt es als Nachspeise einen riesigen Obstsalat.
So eine gesunde Ernährung mit viel Obst und Gemüse hält fit und gesund.

Meine Lesespur:

1, ______, ______, ______, ______, ______, ______, ______, ______, ______,

______, ______, ______, ______, ______.

Name: ______________________________ Datum: ________________

Auf dem Markt

Leonie ist in der 3. Klasse und Sachunterricht ist ihr absolutes Lieblingsfach. Heute darf das Mädchen nach dem Unterricht zu ihrer Oma zu Besuch. Leider ist die alte Dame an diesem Tag nicht so fit wie sonst, denn sie hat eine gehörige Erkältung erwischt.

Damit die Patientin das Bett nicht verlassen muss, will die Enkelin die Einkäufe auf dem Markt erledigen. Denn wer gesund werden möchte, braucht viel Obst und Gemüse. Das hat sie zuletzt im Sachunterricht gelernt. Die Drittklässlerin ist nun eine wahre Expertin für gesunde Ernährung.
Im Handumdrehen hat Leonie sich auf ihr Fahrrad geschwungen und fährt los zum Marktplatz an der Kirche. Dort verkaufen jeden Mittwoch unzählige Obst- und Gemüsehändler ihre leckeren Waren.

Was wird Leonie wohl alles für ihre Oma kaufen? Beginne bei Nummer 1 mit dem Lesen! Schreibe die weiteren Nummern deiner Lesespur am Ende der Geschichte auf.

(1) Das Mädchen hat sich so beeilt, dass sie ganz aus der Puste ist, als sie mit ihrem Fahrrad endlich den Marktplatz im Ortskern erreicht. Damit sie all die leckeren Vitaminbomben auch befördern kann, hat sie den großen Fahrradkorb mitgenommen. Nun kann der Einkauf losgehen: Leonie läuft zum nächstgelegenen Stand, an dem eine freundliche Dame sie begrüßt.

Wie heißt der Gemüsestand, an dem Leonie einkauft? Schreibe die nummerierten Buchstaben in der richtigen Reihenfolge am Ende der Geschichte auf.

Das erste, was Leonie für Oma kauft, ist ein Kernobst, das es in verschiedenen Farben gibt. In Leonies Garten wächst sogar ein Baum, der diese Früchte trägt. Sie liebt die Obstsorte als Mus oder einfach geschnitten in ihrer Pausenbox. Man kennt das Obst vor allem auch als Saft. Vor dem Ver**z**$_{6}$ehr muss man allerdings erst das Kerngehäuse samt den Kernen entfernen.

(2) Leonie kauft eine Gurke.
Als Nächstes steht ein weiteres Gemüse auf ihrem Zettel, das zu den sogenannten Nachtschattengewächsen zählt: Die Früchte sind oft rot und kugelförmig. Auch bei dieser Pflanze gibt es ganz unterschiedliche Sorten, deren Früchte in verschiedenen Formen und Farben wachsen können. Gern schneidet Mama dieses Gemüse in den Salat, aber auch zu Nudeln schmeckt es großartig. Bei Spagetti Napoli ist es Hauptbestandteil der Soße.

(3) Nein, das sind Zitronen. Das sind zwar auch Zitrusfrüchte, doch sie haben eine andere Form als Orangen. Gehe noch einmal zurück zu Nummer 12 und überlege genau.

(4) Erdbeeren könnte sie kiloweise verspeisen. Hoffentlich freut sich Om**a**$_{7}$ auch darüber. Das nächste Obst gehört zu den Zitrusfrüchten. Gern macht Leonie mit ihrer Mama Saft daraus – frischgepresst schmeckt er am allerbesten. Die Frucht ist gut für Oma, denn sie enthält besonders viel Vitamin C und macht sie bestimmt schnell wieder gesund. Ursprünglich kommt die Zitrusfrucht aus China und wird auch als Apfelsin**e**$_{4}$ (= Apfel aus China) bezeichnet. Ihre typische Farbe entwickelt die Frucht erst bei Kälte. Wenn diese fehlt, bleiben die Früchte grün, bekommen aber trotzdem ihren bekannten Geschmack. Die Farbe hat also nichts damit zu tun, ob diese Früchte reif sind oder nicht. Leonie kauft ein Dutzend davon ein.

Weißt du wie viele das sind? Bei der richtigen Zahl auf der Leselandkarte findest du das gesuchte Obst.

(5) Genau, das sind Kartoffeln! Sie kamen vor rund 500 Jahren mit den spanischen Entdeckern aus Südamerika zu uns nach Europa.
Als Nächstes kauft Leonie noch mal ein Kernobst: Die gelblich-grünen, manchmal bräunlichen Früchte haben eine lustige Form: Am Stänge**l**$_{1}$ sind sie dünner als unten. Du kannst sie roh oder als eingekochtes Mus essen. Sie ähneln den Teilen, die in Lampen stecken, damit Licht brennt.

(6) Leonie kauft acht Mandarinen.

Male die Früchte in der richtigen Farbe aus.

Als Nächstes kauft sie ein Gemüse aus der Familie der Kürbisgewächse. Es ist lang und hat eine grüne Schale. Das Fruchtfleisch ist meist hellgrün bis weiß und besteht hauptsächlich aus Wasser. Leonie liebt das Gemüse im Salat.

(7) Nein, das ist Knoblauch! Er hat auch einen ganz besonderen Geruch, doch weinen muss man beim Schneiden dieses Gemüses nicht. Lies Nummer 17 noch mal und überlege ganz genau.

(8) Stimmt! Leonie kauft Äpfel. Sie entscheidet sich für die etwas saure, grüne Sorte, denn sauer macht ja bekanntlich lustig.
Als Nächstes lachen sie die orangen Steinfrüchte an. **W**$_{3}$enn man den großen Stein aus den runden Früchten entfernt, bleibt nur noch süßes Fruchtfleisch übrig. Aus dem lässt sich leckere Marmelade herstellen. In Österreich und Süddeutschland heißt das Obst auch Marille.

(9) Gut gelesen! Einen besonders großen Blumenkohl sucht Leonie für Oma aus!
Dazu gibt es auf jeden Fall das nächste Gemüse zu essen. Die braunen, eiförmigen Knollen wachsen zuhauf unterirdisch auf Feldern und schmecken unter anderem als Brei sehr gut. Wie die Tomaten gehören sie zur Familie der Nachtschattengewächse. Menschen in Süddeutschland, Österreich und der Schweiz bezeichnen sie manchmal auch als Erdäpfel.

(10) Leonie kauft Birnen, ganz klar.
Damit der Obstsalat für Oma besonders gut schmeckt, wandert eine weitere Obstsorte in den Einkaufskorb: Diese wächst nicht bei uns in Deutschland und muss deshalb eingeflogen werden. Ihre stachelige Schale musst du entfernen, bevor du das gelbe Fruchtfleisch essen kannst. Leonie weiß, dass die Frucht im reifen Zustand besonders süß schmeckt. Sie wählt mit einem Trick eine reife Frucht, die zum Verzehr bereit ist: Deren spitze Blätter am obere**n**$_{5}$ Ende lassen sich durch leichtes Ziehen auszupfen.

(11) Richtig, sie braucht noch Karotten, auch Möhren oder Mohrrüben genannt. Die Verkäuferin hat vergessen, das Schild „Sonderangebot“ am Korb anzubringen. Normalerweise kostet ein Bund 3,50 €: Heute zahlen die Kunden aber nur die Hälfte!

Zeichne das Schild mit dem heutigen Preis dazu.

So, nun hat Leonie es fast geschafft. Es steht nur noch ein Punkt auf ihrer Liste: Dieses Obst darf in ihrem Obstsalat auf keinen Fall fehlen. Nach kurzer Suche entdeckt sie die Früchte. Köstlich sehen sie aus, diese länglichen, leicht gekrümmten, gelben Gewächse. Auf ihren Schalen kann man allerdings leicht ausrutschen. Deshalb darf man sie niemals achtlos auf den Boden werfen - das kann böse enden. Auch Affen mögen sie sehr gern.

(12) Leonie kauft Orangen für Oma, richtig.
Als Nächstes fragt sie nach Früchten, die ganz ähnlich aussehen. Sie sind nur kleiner. Auch sie muss man vor dem Essen schälen. Jede Frucht besteht aus mehreren Teilen, die mit vielen orangefarbenen Saftschläuchen gefüllt sind und von einem dünnen Häutchen umgeben sind. Die Erntezeit ist im Herbst, sodass es die Zitrusfrüchte in den Monaten Oktober bis Januar zu kaufen gibt. Aus diesem Grund landen sie oft in den Nikolaussäckchen der Kinder.

(13) Musst du beim Schneiden von Zwiebeln auch immer weinen?

Male den Korb der Zwiebeln blau an.

Der Einkauf ist noch nicht beendet. Als Nächstes steht ein Kohlgemüse auf dem Zettel. Mit seinen weißen R**ö**$_2$schen sieht das Gemüse lustig aus. Besonders lecker schmeckt es als Eintopf oder mit Käse überbacken.

(14) Genau, Leonie kauft süße Aprikosen. Die werden Oma bestimmt schmecken!
Als Nächstes steht ihr Lieblingsobst auf der Liste: Sie liebt die roten Beeren mit den grünen Blättern am Stiel. Am liebsten isst Leonie die süßen Beeren mit Vanilleeis und Schlagsahne. Man kann sie aber auch zu Marmelade verarbeiten. Im Sommer geht die Schülerin gern auf eines der nahegelegenen Felder und pflückt haufenweise davon. Leonie hat gelernt, dass sie nur reife Früchte pflücken darf. Denn grüne Früchte reifen nach dem Pflücken nicht weiter. Achtung! Eigentlich ist die Frucht gar keine Beere, obwohl sie so heißt. Sie ist eigentlich eine Nuss. Genau gesagt eine Sammelnussfruc**h**$_8$t, die aus vielen kleinen Nüssen besteht.

(15) Nein, das sind Brokkoli. Die beiden Gemüsesorten sehen sich zwar sehr ähnlich, aber die Röschen eines Brokkolis sind grün. Lies noch mal genau bei Nummer 13 nach!

(16) Leonie kauft eine Ananas dazu.
Für den Gemüseeintopf hätte sie aber beinahe noch eine wichtige Zutat vergessen: Diese langen, dünnen Gewächse entwickeln sich unter der Erde und nur ihre Blätter schauen oben heraus. Es gibt sie in ganz unterschiedlichen Farben: hell- oder dunkelrot, orangefarben, weiß oder violett. Auch Hasen lieben diese Gemüsesorte.

(17) Oh ja, eine Soße aus Tomaten ist einfach lecker zu Nudeln.
Damit diese aber noch besser schmeckt, kann man das nächste Gemüse hinzugeben: Wenn Mama es schält und klein schneidet, fängt sie oft an zu weinen, obwohl sie gar nicht traurig ist. Diese Gemüsesorte gehört zur Familie der Lauchgewächse.

(18) Super! Als Leonie die Bananen einpackt, ist sie sehr erleichtert. Endlich hat sie es geschafft. Nun kann sie zurück zu Oma und ihr einen leckeren Gemüseeintopf kochen. Und damit sie schnell wieder gesund wird, gibt es als Nachspeise einen riesige**n**$_9$ Obstsalat. Gesunde Ernährung mit viel Obst und Gemüse hält auf Dauer fit und erspart uns den Gang zum Arzt.

Der Gemüsestand heißt:

___1	___2	___3	___4	___5	___6	___7	___8	___9

Meine Lesespur:

1, ______, ______, ______, ______, ______, ______, ______, ______, ______, ______,

______, ______, ______, ______, ______.

Lösung „Auf dem Markt“

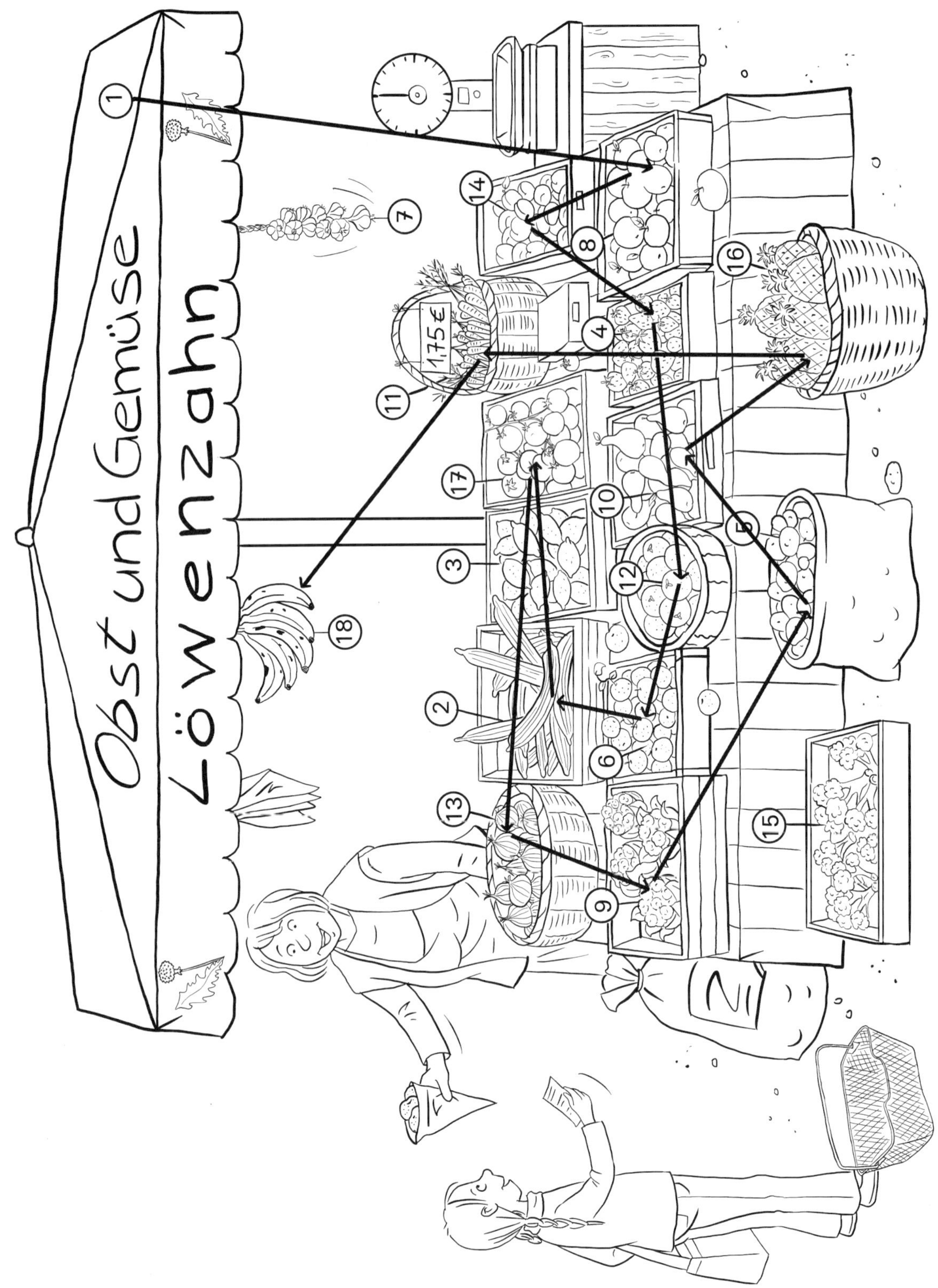

Lesespur: 1, 8, 14, 4, 12, 6, 2, 17, 13, 9, 5, 10, 16, 11, 18.

Lösung Nr. 11: Der Preis der Karotten im Sonderangebot beträgt **1,75** €.

Lösungswort:

L_1	$Ö_2$	W_3	E_4	N_5	Z_6	A_7	H_8	N_9

Lesespurlandkarte „Im Großstadtdschungel unterwegs“

Name: ______________________________ Datum: ________________

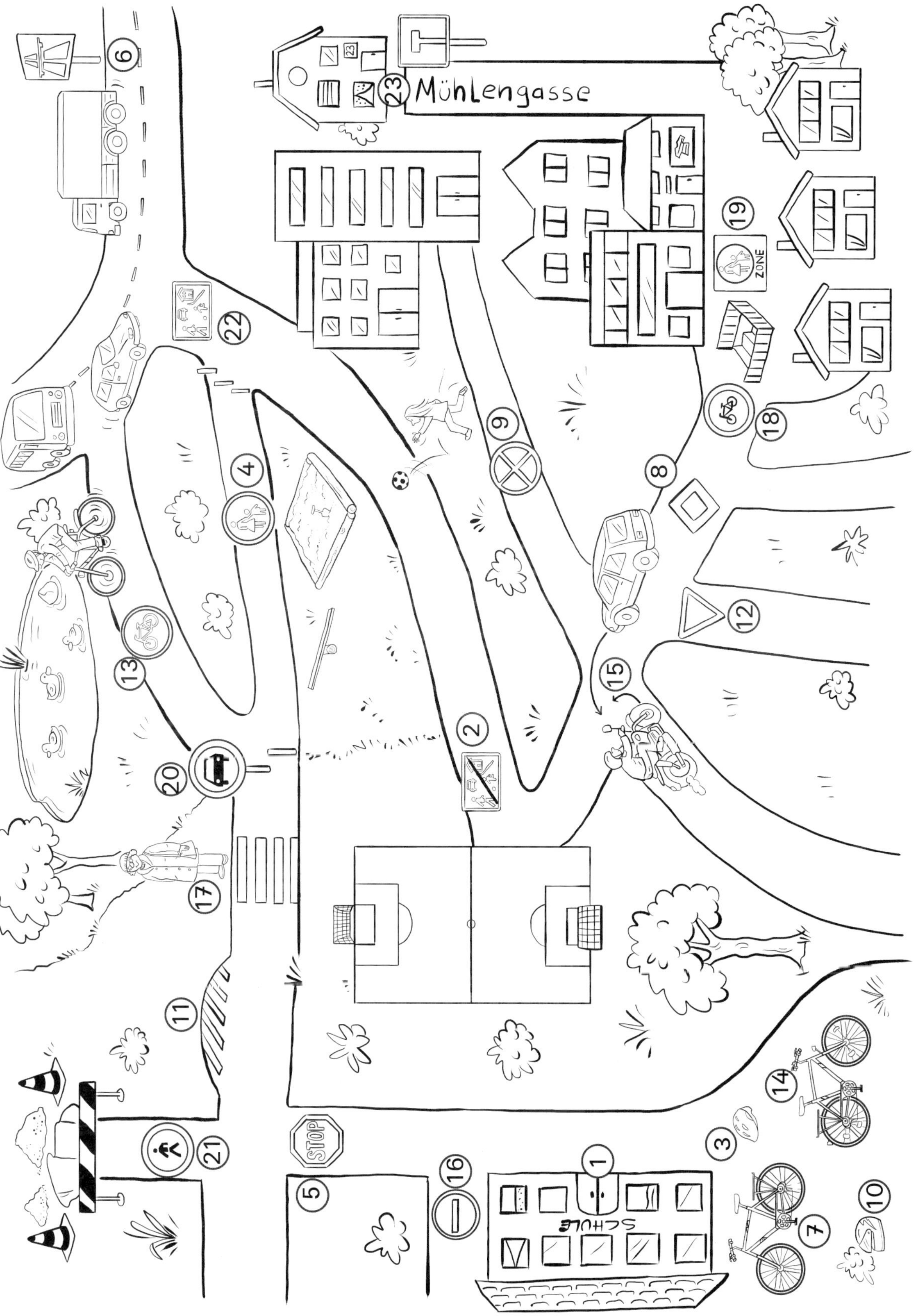

Name: ______________________________ Datum: ________________

Im Großstadtdschungel unterwegs

Max lebt in einer Großstadt und besucht die 4. Klasse der Grundschule. Leon ist sein bester Freund. Gemeinsam gehen sie durch dick und dünn. Heute war Leon allerdings nicht in der Schule! Was ist nur mit ihm geschehen? Ist ihm im Großstadtdschungel etwas zugestoßen?

Auch wenn Max im Dickicht der Straßen bestimmt Gefahren erwarten, nimmt er all seinen Mut zusammen: Er muss nach Leon suchen! Weder rote Ampeln, noch vielbefahrene Straßen, große Laster oder rasende Autos können ihn davon abhalten! Er ist gut vorbereitet: Erst letzte Woche hat er die Fahrradprüfung mit Auszeichnung bestanden.

Wenn du wissen willst, was Max im Großstadtdschungel erlebt und wo er Leon wiederfindet, beginne bei Nummer 1 mit dem Lesen!

(1) Nach dem Unterricht ist Max schon ganz aufgeregt. Schnell läuft er zur Garderobe, zieht sich an und schnappt sich seinen schweren Schulranzen. Er ist schon auf dem Weg aus dem Schulgebäude, als er merkt, dass er seinen Fahrradhelm vergessen hat. Ohne diesen kann er auf gar keinen Fall losradeln!

(2) Genau, hier ist die Spielstraße zu Ende. Um zu seinem Ziel zu gelangen, biegt Max nun vorsichtig nach links ab.
Kurz darauf steht er an einer Straßenkreuzung ohne Schilder. „Wer hat nun Vorfahrt: Ich, der Motorradfahrer oder das Auto?", fragt sich Max aufgeregt.

(3) Da ist ja sein Helm! Max setzt ihn auf und rennt los zum Fahrradparkplatz. Leons Roller ist natürlich nirgends zu entdecken. Und wo ist Max', Fahrrad? Er muss eine Zeit lang suchen. Beinahe hätte er es mit einem anderen, ganz ähnlichen Fahrrad verwechselt. Doch dieses ist nicht verkehrssicher und deshalb leicht von seinem zu unterscheiden.

(4) Nein, das ist das Zeichen für einen Gehweg. Hier sind nur Fußgänger erlaubt. Suche das richtige Schild für einen Fahrradweg!

(5) Max bringt sein Fahrrad zum Stehen und stellt beide Füße auf den Boden. Sein Blick geht von links nach rechts und wieder nach links. Kein Fahrzeug kommt. Also biegt er mit Handzeichen vorsichtig nach rechts ab. Hochkonzentriert blickt er auf die Fahrbahn. Wie im richtigen Dschungel muss man auch auf der Straße gut aufpassen, um allen Gefahren zu vermeiden. Schon von Weitem sieht er eine Frau am Zebrastreifen. Er bremst ab und bleibt direkt vor dem Fußgängerüberweg stehen.

(6) Dieses Schild zeigt keine Sackgasse an, sondern den Beginn einer Autobahn. Überlege noch mal genau und suche das richtige Zeichen für eine Sackgasse!

(7) Schau dir das Fahrrad genau an! Dieses hat viele Teile, die ein verkehrssicheres Fahrrad braucht, aber der vordere Scheinwerfer und das Schlusslicht fehlen.

(8) Der Junge fährt die Vorfahrtsstraße weiter entlang. Zuversichtlich tritt er noch mal fest in die Pedale. Er wird seinen Freund finden, da ist er sich sicher. Wenn er den Weg durch die Unterführung nimmt, ist er gleich an seinem Ziel.
Doch was sieht er da? Hier dürfen Fahrradfahrer leider nicht durchfahren.

(9) Das ist das Zeichen für absolutes Halteverbot. Lies noch mal genau bei Nummer 8 nach und suche dann das richtige Schild!

(10) Nein, dieser Helm ist kein Fahrradhelm, sondern ein Motorradhelm. Schau ganz genau nach dem richtigen Helm für Max!

(11) Das ist kein Zebrastreifen, sondern eine schraffierte Fläche. Sie zeigt den Verkehrsteilnehmern an, dass sie hier nicht fahren, parken oder halten dürfen.

(12) Vorsicht, dieses Schild sagt dir nicht, dass du Vorfahrt hast. Hier musst du Vorfahrt gewähren. Das heißt dem anderen die Vorfahrt lassen.

(13) Der Radweg ist sehr schmal. Max muss aufpassen, dass er mit niemandem zusammenstößt. Doch die Sorge um seinen Freund treibt ihn an. Der Junge hat in kürzester Zeit den Park durchquert.
Nun muss er sich die Straße wieder mit vielen Fahrzeugen teilen. Er fährt ganz rechts am Straßenrand und konzentriert sich auf den Verkehr der Großstadt. Nach kurzer Zeit biegt er in eine Spielstraße ein. Dort müssen alle Verkehrsteilnehmer in Schrittgeschwindigkeit fahren.

(14) Genau, das ist Max' Fahrrad! Es hat alle Teile, die ein verkehrssicheres Fahrrad benötigt: Rückstrahler und Schlusslicht hinten, Reflektor und Scheinwerfer vorne, Speichenreflektoren, Pedalrückstrahler, zwei Bremsen für jedes Rad, eine Klingel und einen Dynamo für die Lichter.
Nun geht das Abenteuer los! Schon an der ersten Straßenkreuzung will Max rechts abbiegen. Das Verkehrsschild zeigt ihm, dass er erst stoppen muss.

(15) Der Motorradfahrer wartet, bis das Auto abgebogen ist und biegt dann selbst links ab. Als auch das Motorrad weg ist, fährt der Junge stolz weiter geradeaus: Er hat die wichtige Verkehrsregel „rechts vor links" richtig angewendet.
Max wird langsam müde, doch er gibt nicht auf. Bald ist er am Ziel. Vor ihm erscheint das nächste Schild. Es ist außen weiß und innen gelb: Hier muss er nicht bremsen, denn er hat Vorfahrt.

(16) Nein, das ist kein Stoppschild. Es zeigt an, dass du von dieser Seite nicht in die Straße hineinfahren darfst.

(17) Die Dame am Zebrastreifen dankt Max und überquert die Straße.
Der Junge fährt schnell weiter und erreicht nach kurzer Zeit den Park. Diesen muss er durchqueren. Am Eingang steht ein Schild, das allen Autos die Durchfahrt untersagt.

(18) Die Straße bei der Unterführung ist für Radfahrer gesperrt. Deshalb muss Max einen Umweg über die Fußgängerzone nehmen. Zügig schiebt er seinen Drahtesel neben sich her. Am Ende der Zone schwingt er sich wieder auf sein Gefährt.
Schon von Weitem sieht er das Schild am Anfang der Straße. Es zeigt den Beginn einer Sackgasse an, aus der am Ende kein Weg hinausführt.

(19) Dieses Schild zeigt den Beginn einer Fußgängerzone an, keine Spielstraße.

(20) Richtig, dieses Zeichen steht am Parkeingang. Max bleibt kurz stehen, um eine Pause zu machen. Doch die Angst um seinen Freund lässt ihn schnell weiterfahren. Er nimmt den Radweg und gibt erneut Gas.

(21) Nein, das ist nicht richtig. Das Schild verbietet nicht Fahrzeugen den Zugang, sondern Fußgängern. Lies bei Nummer 17 noch mal ganz genau!

(22) „Hui, hier in der Spielstraße fahren die Verkehrsteilnehmer ja wirklich Schritt-Tempo! “, freut sich Max über den Beginn des verkehrsberuhigten Bereichs.
Das passt dem Jungen nun eigentlich gar nicht. Er hat schließlich keine Zeit! „Aber ich halte mich trotzdem an die Verkehrsregel!“, denkt sich Max und fährt langsam weiter bis an das Ende der Spielstraße am Fußballplatz.

(23) Endlich ist er am Ziel angekommen: Er steht ganz am Ende der Sackgasse in der Mühlenstraße 23. Gleich wird sich das Rätsel um Leon, seinen Freund endlich aufklären! Denn in dem Haus vor ihm wohnt Leon.
Erschöpft drückt Max auf die Klingel. Es dauert einige Zeit, bis sich langsam die Tür öffnet. Vor ihm steht ein ziemlich blasser Leon. Aber als er seinen Kumpel sieht, lächelt er. Max ist überglücklich: „Juhu, ich hab dich gefunden. Du bist zwar krank, aber sicher zu Hause!“, ruft Max. Während Leon auf dem Sofa liegt, erzählt Max in aller Ruhe von seiner abenteuerlichen Suche.

Meine Lesespur:

1, ______ , ______ , ______ , ______ , ______ , ______ , ______ , ______ , ______ ,
______ , ______ , ______ .

Name: ______________________________ Datum: ______________

Im Großstadtdschungel unterwegs

Max lebt in einer Großstadt und besucht die 4. Klasse der dortigen Grundschule. Leon ist sein bester Freund und gemeinsam gehen sie durch dick und dünn. Aus unerfindlichen Gründen war Leon heute allerdings nicht in der Schule. Was ist nur mit ihm geschehen? Ist ihm irgendwo im Großstadtdschungel etwas zugestoßen?

Auch wenn Max im Dickicht der Straßen bestimmt einige Gefahren erwarten, nimmt er all seinen Mut zusammen und beschließt kurzerhand, dass er tollkühn nach Leon suchen wird. Weder rote Ampeln, noch vielbefahrene Straßen, große Laster oder rasende Autos können ihn davon abhalten! Der Junge ist gut gerüstet für alle Gefahren, denn erst letzte Woche hat er die Fahrradprüfung mit Auszeichnung bestanden.

Wenn du wissen willst, was Max auf seiner Tour durch den Großstadtdschungel alles erlebt und wohin ihn seine Reise führt, beginne bei Nummer 1 mit dem Lesen!

(1) Nach dem Unterricht ist Max ganz aufgeregt. Heute haben sie zwar wirklich v$_{1}$iel auf, aber herauszufinden, wo Leon steckt, ist auf jeden Fall wichtiger, als sich gleich an die Aufgaben zu setzen! So macht Max sich überaus motiviert auf den Weg zur Garderobe. Zügig zieht er sich an und schnappt sich seinen schweren Schulranzen.
Er ist schon auf dem Weg aus dem Schulgebäude, als er merkt, dass er seinen Fahrradhe$_{2}$lm vergessen hat. Ohne diesen kann er auf gar keinen Fall losradeln!

(2) Genau, hier ist die Spielstraße zu Ende! Aber was ist denn das? Irgendetwas hängt an dem Schild! Ist das etwa eine Schlange? Ängstlich fährt Max näher an das verdächtige Teil heran. Als er es erkennt, muss er lachen. Lustig, an dem Schild hat sich die Schnur eines roten Luftballons verfangen und dieser hängt nun fest.

Male den Luftballon und die Schnur in die Lesespurlandkarte.

Um zu seinem Ziel zu gelangen, biegt Max nun vorsichtig und so wie er es gelernt hat nach links ab. Nach 500 Metern steht er an einer Straßenkreuzung ohne Schilder. Diese Situation bringt ihn nun wirklich ins Schwitzen.

(3) Max setzt den Helm auf und r$_{3}$ennt los in Richtung des Fahrradkellers. Hier p$_{9}$arken alle Schüler ihre fahrbaren Untersätze. Heute stehen besonders viele da. Wie erwartet fehlt von Leons Roller jede Spur. Der Viertklässler muss eine Zeit lang suchen, bi$_{13}$s er sein Fahrrad findet. Beinahe hätte er es mit einem anderen, ganz ähnlichen verwechselt. Doch dieses ist nicht verkehrssicher und deshalb leicht von seinem zu unterscheiden.

(4) Nein, das ist das Zeichen für einen Gehweg. Hier sind keine Fahrräder, sondern nur Fußgänger erlaubt! Suche das richtige Schild für einen Fahrradweg!

(5) Max bremst sein Fahrrad und stellt beide Füße auf den Boden. Sein Blick geht von links nach rechts und wieder nach links. Nachdem er festgestellt hat, dass kein Fahrzeug kommt, biegt er mit Handzeichen vorsichtig nach rechts ab. Die Straße ist um diese Zeit wirklich stark befahren und der Junge muss sich konzentrieren, damit er alle Verkehrsschilder und -teilnehmer gut im Auge behält. Wie im Dschungel muss man auch hier sehr vorsichtig sein, um alle lauernden Gefahren so früh wie möglich zu erkennen. Bereits aus der Ferne sieht er deshalb die Frau am Zebrastreifen stehen. Er tritt in die Bremsen und bleibt direk$_{4}$t an der Bodenmarkierung stehen.

(6) Dieses Schild zeigt keine Sackgasse an, sondern den Beginn einer Autobahn. Überlege noch mal genau und suche das richtige Verkehrszeichen!

(7) Schau dir das Fahrrad genau an! Dieses hier hat zwar viele Teile, die ein verkehrssicheres Fahrrad braucht, aber der vordere Scheinwerfer und das Schlusslicht fehlen.

(8) Richtig, das ist das Vorfahrtsschild!

Male es in den richtigen Farben an.

Der Junge fährt zuversichtlich die Vorfahrtsstraße we$_{5}$iter, denn er ist sich sicher, dass er das Rätsel um den Verbleib seines besten Freundes lösen wird. Wenn er nun den Weg durch die Unterführung nimmt, ist er bald an seinem Ziel. Doch was sieht er da? Hier dürfen Fahrradfahrer leider nicht durchfahren.

(9) Falsch. Das ist das Zeichen für ein absolutes Halteverbot. Lies bei Nummer 8 noch mal genau nach und suche dann das richtige Schild!

(10) Nein, dieser Helm ist ein Motorradhelm.
Suche nach dem Fahrradhelm von Max.

(11) Nein, das ist kein Zebrastreifen, sondern eine schraffierte Fläche, die den Verkehrsteilnehmern anzeigt, dass diese nicht befahren werden darf, und auch nicht zum Parken oder zum Halten genutzt werden darf.

(12) Vorsicht, dieses Schild sagt dir nicht, dass du Vorfahrt hast. Hier musst du Vorfahrt gewähren, das heißt dem anderen die Vorfahrt lassen.

(13) Auf dem Radweg ist heute ganz schön was los und Max muss gut aufpassen, dass er mit niemandem zusammenstößt. Die Sorge um seinen Freund lässt ihn weiter kräftig in die Pedale treten. Der Junge ist so in Fahrt gekommen, dass er in kürzester Zeit den Park durchquert h$_{6}$at.
Nun muss er sich die Straße wieder mit vielen Fahrzeugen teilen. Er fährt ganz rechts am Straßenrand und konzentriert sich genau auf den Verkehr. Schweißperlen bilden sich auf seiner Stirn. Lastwagen und Autos rasen nur so an ihm vorbei und ihm wird ein bisschen mulmig. Deshalb atmet er auf, als er in eine Spielstraße einbiegt. Denn hier müssen alle Verkehrsteilnehmer in Schrittgeschwindigkeit fahren.

(14) Genau, das ist Max' Fahrrad! Es hat alle Teile, die ein verkehrssicheres Rad benötigt: Rückstrahler, Schlusslicht, Reflektor vorne, Scheinwerfer, Speichenreflektoren, Pedalrückstrahler, zwei Bremsen, Klingel und Dynamo. Nun geht das Abenteuer los. Max schwingt sich auf den Sattel und gibt Gas. Schon von Weitem sieht er die erste Straßenkreuzung. Er will r$_{7}$echts abbiegen, doch das Verkehrszeichen zeigt ihm, dass er erst stoppen muss.

(15) Hier steht Max nun schweißgebadet und geht im Kopf die Verkehrsregeln durch. Von rechts kommt ein Motorradfahrer und geradeaus steht ein Auto, das nach links abbiegen möchte. Der Motorradfahrer wartet bis das Auto gefahren ist und setzt dann selbst zum Linksabbiegen an. Als$_{8}$ der Motorradfahrer abgebogen ist, fährt der Junge selbst weiter geradeaus. Das hat er gut gemacht, denn hier gilt die wichtige Verkehrsregel rechts vor links!
Bald hat er es geschafft. Er wird herausfinden, was seinem Freund zugestoßen ist! Vor ihm taucht schon das nächste Schild auf, doch dieses Mal muss er nicht bremsen, denn hier hat er Vorfahrt.

(16) Nein, das ist kein Stoppschild. Es zeigt dir an, dass du von dieser Seite nicht in die Straße hineinfahren darfst.

(17) Die Dame am Zebrastreifen nickt ihm als Dank zu und überquert die Straße. Der Junge schaut, ob vielleicht noch ein anderer Fußgänger vorbei möchte und fährt dann lo$_{11}$s. Auf dem Weg rast Max an vielen Geschäften vorbei, bis er endlich den Park erreicht. Die Grünanlagen muss er durchqueren. Am Eingang steht ein Schild, das Autos die Durchfahrt untersagt.

(18) Die Unterführung ist für Radfahrer gesperrt, deshalb muss der Schüler einen kleinen Umweg über die Fußgängerzone nehmen. Max steigt gleich am Beginn von seinem Fahrrad ab und schiebt es zügig. Schließlich darf er keine Zeit vergeuden. Am Ende der Zone schwingt er sich wieder auf sein Gefährt und legt die letzten zweihundert Meter seiner Fahrt zurück:
Schon sieht er das Schild am Anfang der Zielstraße. Es zeigt den Beginn einer Sackgasse an, aus der am Ende kein Weg hinausführt.

(19) Nein, dieses Verkehrsschild zeigt den Beginn einer Fußgängerzone an, keine Spielstraße.

(20) Richtig, dieses Schild steht am Parkeingang. Max bleibt kurz stehen, um eine Pause zu machen. Er holt seine Trinkf$_{12}$lasche aus dem Schulranzen und trinkt einen kräftigen Schluck. Die Angst um seinen Freund treibt ihn zur Weiterfahrt an. Er nimmt den Radweg und gibt wieder Gas.

(21) Nein, dieses Schild ist nicht das richtige. Es verbietet nicht Fahrzeugen den Zugang, sondern Fußgängern. Lies bei Nummer 17 noch mal ganz genau nach.

(22) Dieses Schild zeigt den Verkehrsteilnehmern den Beginn eines verkehrsberuhigten Bereichs an. Alle dürfen nur im Schritt-Tempo fahren.

Male das Schild mit den richtigen Farben an!

Es dauert nicht lange und Max sieht etwas über die Straße rollen. In dem Moment, in dem Max den Ball erkennt, springt ein kleines Mädchen auf die Fahrbahn – leider ohne auf den Verkehr zu achten. Der junge Fahrradfahrer legt eine Vollbremsung hin und kommt kur$_{10}$z vor dem Kind zum Stehen! Puh, da haben beide aber nochmal Glück gehabt!
Mit rasendem Herzen fährt Max weiter und erreicht schließlich das Ende der Spielstraße am Fußballplatz.

(23) Endlich ist er am Ziel: Er steht in der Mühlenstraße 23, ganz am Ende der Sackgasse. Gleich wird sich das Rätsel um den Verbleib seines Freundes endlich aufklären, denn in dem Haus vor ihm wohnt Leon. Erschöpft und ängstlich zugleich drückt Max auf die Klingel. Er hält den Atem an. Es dauert einige Zeit, bis sich langsam die Türe öffnet. Vor ihm steht Leon. Er sieht ziemlich blass aus, aber als er seinen Kumpel sieht, huscht ein Lächeln über sein Gesicht. Max ist überglücklich und erleichtert, seinen Freund zwar krank, aber wohlbehalten vor sich zu sehen. Während Leon auf dem Sofa liegt, erzählt Max in aller Ruhe von seiner abenteuerlichen Suche.

Was ist Max nach seiner Abenteuerfahrt durch die Großstadt? Schreibe die nummerierten Buchstaben aus der Geschichte hier in der richtigen Reihenfolge auf.

Max ist ein:

____1, ____2, ____3, ____4, ____5, ____6, ____7, ____8, ____9, ____10, ____11, ____12, ____13

Meine Lesespur:

1, ____, ____, ____, ____, ____, ____, ____, ____, ____, ____, ____, ____.

Lösung „Im Großstadtdschungel unterwegs“

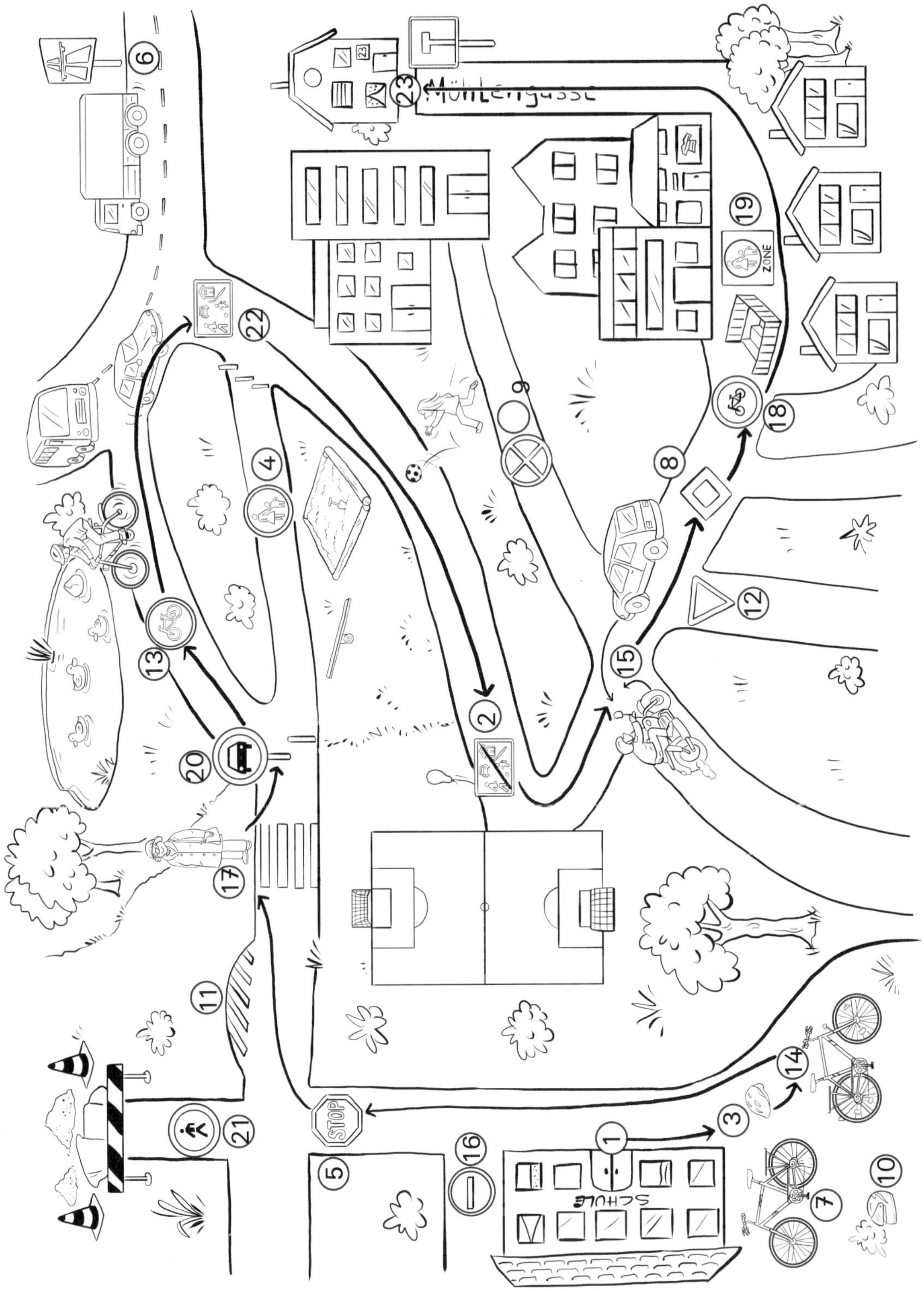

Lesespur: 1, 3, 14, 5, 17, 20, 13, 22, 2, 15, 8, 18, 23.

Max ist ein

V_1	E_2	R_3	K_4	E_5	H_6	R_7	S_8	P_9	R_{10}	O_{11}	F_{12}	I_{13}

.

Lesespurlandkarte „Ein aufregender Tag bei der Feuerwehr“

Name: ______________________________ Datum: ______________

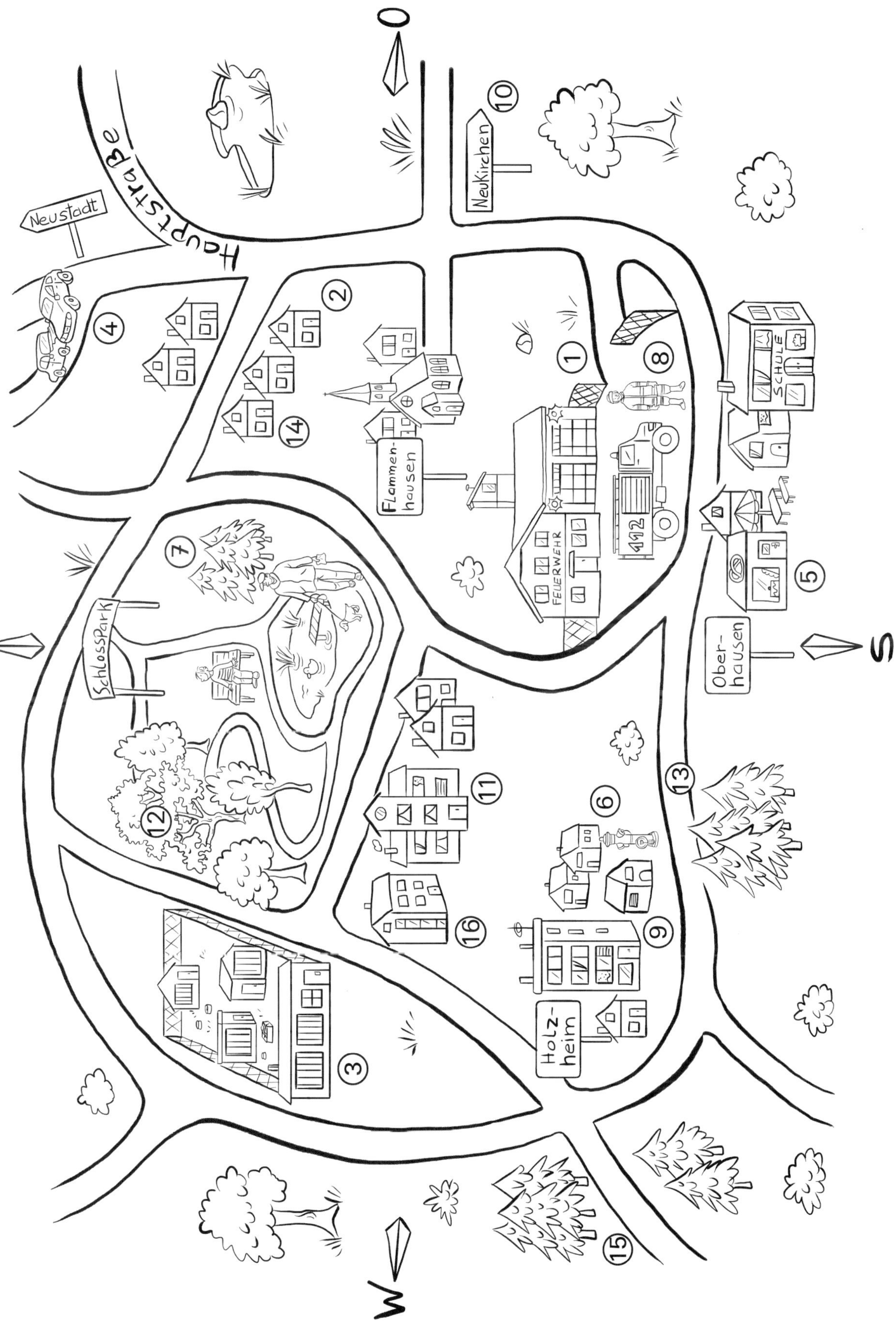

Name: ______________________ Datum: ______________

Ein aufregender Tag bei der Feuerwehr

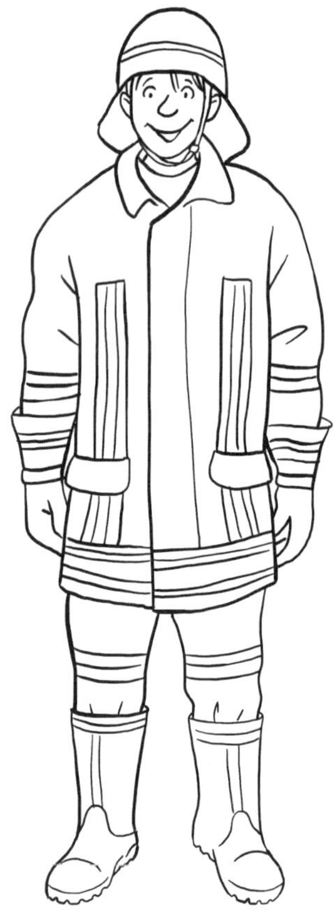

Benno Brand ist von Beruf Feuerwehrmann. Er leitet die Feuerwache in der Stadt Flammenhausen. Heute haben Benno und seine Kollegen von der Berufsfeuerwehr viel Arbeit. An diesem Tag ist in Flammenhausen und der Umgebung viel los.

Wenn du wissen willst, welche spannenden Einsätze die Feuerwehrleute erwarten, beginne bei 1 zu lesen. Schreibe die weiteren Nummern deiner Lesespur am Ende der Geschichte auf.

(1) Es ist Montagmorgen. Die Männer und Frauen der Feuerwehr Flammenhausen haben nach dem Wochenende viel zu erzählen. Plötzlich hören alle über den Lautsprecher den ersten Einsatzruf: *Auf der Landstraße in Richtung Neustadt hat es einen Verkehrsunfall mit zwei Pkws gegeben. Eine Person ist noch im Fahrzeug eingeklemmt.*
Benno und sein Truppe sind sofort mit Blaulicht und Sirene unterwegs.

(2) Hier gibt es keinen Wasserschaden. Versuche es zwei Häuser weiter.

(3) Hier im Tierheim ist der Papagei nun sicher aufgehoben.
Nun wollen Benno und seine Mannschaft Mittagspause machen.
Da bekommen sie aber schon wieder einen Einsatz: *In einem Hochhaus in Holzheim gibt es einen Wohnungsbrand.*
Aus der Mittagspause wird nichts. Benno fährt mit Blaulicht und Sirene los.

(4) Wenig später erreichen die Feuerwehrleute die Unfallstelle kurz vor Neustadt. Ein Auto ist so stark beschädigt, dass sie den Rettungsspreizer brauchen. Mit seiner Hilfe drücken die Feuerwehrleute die verbeulte Türe des Autos schnell auf. So retten sie die Frau aus dem Unfallwagen. Krankenwagen, Polizei und Abschleppdienst übernehmen die restliche Arbeit.
Da kommt über Funk schon der nächste Notruf: *Bei Familie Pauli steht der Keller unter Wasser.*
Benno kennt denn Weg: Er fährt zurück bis zur Hauptstraße, dann ein kurzes Stück in Richtung Süden. Bei der ersten Gelegenheit biegt er rechts ab. Das Haus von Familie Pauli ist das dritte auf der linken Seite.

(5) Als Benno gerade in seine Butterbrezel beißt, hört er den Feueralarm aus der Schule nebenan. Schnell rennen alle los und sehen nach, was passiert ist: Eine Klasse hat Experimente mit Feuer durchgeführt und dabei aus Versehen den Rauchmelder ausgelöst. Der Lehrer entschuldigt sich für den Fehlalarm und alle sind froh, dass es diesmal nichts zu tun gibt.
Kurz vor dem Heimweg nach Flammenhausen erreicht die Mannschaft ein weiterer Notruf: *Herr Reiner hat auf seinem Dachboden ein großes Wespennest entdeckt. Die Wespen sind in einem Haus mit einem runden Fenster.* Benno fährt nach Norden und biegt vor dem Schlosspark nach links ab.

(6) Der Feuerwehr geht wertvolle Zeit verloren. Das Feuer brennt nicht in einem Einfamilienhaus. Lies schnell noch mal bei Nummer 3 nach!

(7) Hier ist der Papagei nicht. Er sitzt auf einem Laubbaum.

(8) Zurück auf der Wache ist die Arbeit aber leider noch nicht ganz zu Ende. Benno und seine Kollegen müssen noch alle Geräte überprüfen, reinigen und wieder im Feuerwehrauto verstauen. Sie waschen die benutzten Schläuche und hängen sie zum Trocknen in den Schlauchturm.
Dann ist ein anstrengender Arbeitstag vorbei! Benno und sein Team haben heute vielen Menschen geholfen.

(9) Dicke Rauchwolken quellen aus einem Fenster im Erdgeschoss des Hochhauses. Zum Glück sind keine Menschen mehr im Haus! Benno und seine Kollegen rollen die Schläuche aus und schließen sie an den Hydranten an.
Male den Wasserhydranten auf der Lesespurlandkarte rot an.
„Wasser marsch!“, ruft Benno und schon nach kurzer Zeit haben die Feuerwehrleute den Brand gelöscht.
Doch der nächste Einsatz wartet schon: *Ein Baum ist kurz vor Oberhausen auf die Straße gestürzt.*
Von Holzheim fährt das Feuerwehrauto in Richtung Osten.

(10) Du bist falsch abgebogen. Lies noch einmal bei Nummer 1 nach, wo der Unfall passiert ist.

(11) Bennos Team darf das Wespennest auf dem Dachboden nur deshalb entfernen, weil Herr Reiner eine Allergie gegen das Wespengift hat. Zwei Feuerwehrmänner ziehen sich Schutzanzüge an und betäuben die Insekten. Dann bringen sie die Tiere in den Schlosspark, wo sie ein neues Zuhause finden sollen.
Nun fährt Benno aber wirklich zurück nach Flammenhausen in die Feuerwache.
Zeige Benno den kürzesten Weg zur Feuerwache.

(12) Als das Feuerwehrauto angerast kommt, sitzt der Papagei immer noch auf der Eiche. Bennos Kollegin Simone versucht, den Vogel mit Obststücken von seinem Ast zu locken. Leider hat sie keinen Erfolg. Deshalb fährt Benno doch die Drehleiter aus. Nachdem Simone den Papagei eingefangen hat, bringt ihn die Feuerwehr ins Tierheim.
Das Tierheim liegt vom Schlosspark aus in Richtung Westen. Hinter dem Haus stehen drei Käfige.

(13) Eine Fichte liegt über der Fahrbahn. In beide Fahrtrichtungen hat sich schon ein Stau gebildet. Benno und seine Leute sichern die Straße und holen dann Motorsäge und Axt aus dem Einsatzfahrzeug. Schnell ist der Baum zersägt und von der Straße geräumt.
Jetzt sind die Feuerwehrleute müde und haben Hunger. Sie wollen in Oberhausen bei einer Bäckerei in der Nähe der Schule Pause machen.

(14) Frau Pauli wartet schon voller Sorge vor ihrem Haus. Zum Glück ist kein Öl aus den Heizöl-Tanks im Keller ausgelaufen! Deshalb ist das Wasser mit der Pumpe aus dem Feuerwehrauto schnell abgepumpt.
Doch schon wieder meldet sich das Funkgerät: *Im Schlosspark sitzt ein Papagei auf einer hohen Eiche. Wenn ihr von Frau Paulis Haus in Richtung Westen fahrt, kommt ihr zum Schlosspark.*

(15) Das war die falsche Himmelsrichtung. Lies noch einmal bei der letzten richtigen Nummer nach.

(16) In diesem Haus ist kein Wespennest. Achte genau auf die Beschreibung der Fenster.

Meine Lesespur:

1, ______, ______, ______, ______, ______, ______, ______, ______, ______, ______.

Name: ______________________________ Datum: ______________

Ein aufregender Tag bei der Feuerwehr

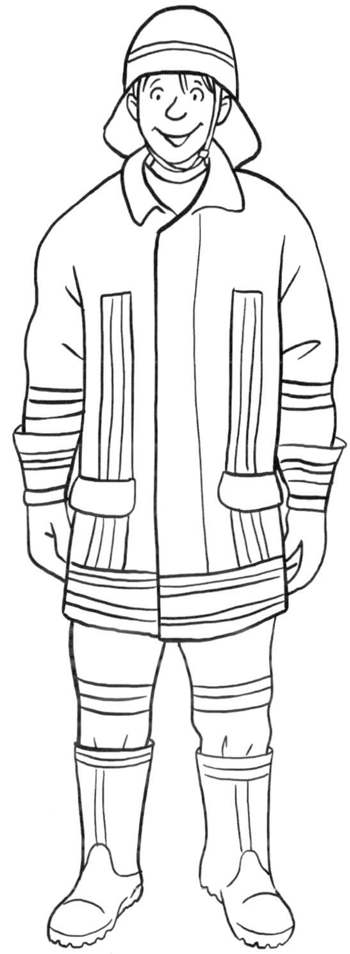

Benno Brand ist von Beruf Feuerwehrmann. Als erfahrener Feuerwehrmann leitet er die Feuerwache im kleinen Städtchen Flammenhausen. Er hat noch zehn Kollegen und Kolleginnen, die wie Benno Brand der Meinung sind, den spannendsten und tollsten Job der Welt zu haben.
Normalerweise haben Benno und sein Team von der Berufsfeuerwehr nicht so viel Stress, aber an diesem Tag ist in Flammenhausen und Umgebung wirklich allerhand los!

Wenn du wissen willst, welche spannenden Einsätze Benno Brand und die anderen Feuerwehrleute erleben, beginne bei 1 zu lesen. Schreibe die weiteren Nummern deiner Lesespur am Ende der Geschichte auf.

(1) Es ist Montagmorgen und die Männer und Frauen der Feuerwehr Flammenhausen sitzen gerade gemütlich bei einer Tasse Kaffee im Gemeinschaftsraum der Feuerwache. Nach dem Wochenende gibt es viel zu erzählen. Da schrillt plötzlich der **A**larm für den Einsatz. Über Lautsprecher hören alle, was passiert ist: *Auf der Landstraße hat es in Richtung Neustadt einen Verkehrsunfall mit zwei Pkws gegeben. Eine Person ist noch im Fahrzeug eingeklemmt.*
Benno und sein Trupp sind wenig später mit Blaulicht und Sirene unterwegs.

(2) In diesem Haus gibt es keinen Wasserschaden. Versuche es zwei Häuser weiter.

(3) Nach ihrer Fahrt ins Tier**h**eim wollten Benno und seine Leute eigentlich Mittagspause machen. Aber schon wieder meldet sich die Einsatzzentrale: *Im Erdgeschoss eines Mehrfamilienhauses in Holzheim gibt es einen Wohnungsbrand mit starker Rauchentwicklung.*
Aus der geplanten Mittagspause wird vorläufig nichts. Benno schaltet Bla**u**licht und Sirene ein und rast los.

(4) An der Unfallstelle kurz vor Neustadt angekommen, entscheide**t** Benno blitzschnell, dass hier der Rettungsspreizer benötigt wird. Er gibt seinem Kollegen Tom die nötigen Anweisungen. Tom und ein anderer Kollege holen das schwere Gerät aus dem Rüstwagen. Mithilfe des Spreizers drücken die Männer die verbeulte Tür des Autos im Handumdrehen auf und befreien die leicht verletzte Frau aus dem Unfallwagen. Krankenwagen, Polizei und Abschleppdienst übernehmen die restliche Arbeit.
Da kommt über Funk schon der nächste Notruf: *Wegen einer kaputten Waschmaschine steht bei Familie Pauli der Keller unter Wasser.*
Benno fährt mit seinen Kollegen zurück bis zur Hauptstraße. Er folgt ihr ein Stück Richtung Süden und nimmt dann die erste Abzweigung nach rechts. Familie Paulis Haus ist das dritte auf der linken Seit**e**.

5 Benno möchte gerade in seine Butterbrezel beißen, da schrillt in der benachbarten Schule der Feueralarm.
Die Kinder und ihr Lehrer Herr Winter staunen nicht schlecht, als schon zwei Minuten später die Feuerwehr in der Tür des Klassenzimmers steht. Die 3. Kl**a**sse hat im Sachunterricht Experimente mit Feuer durchgeführt und dabei aus Versehen den Rauchmelder ausgelöst. Herr Winter entschuldigt sich für den Fehlalarm und Benno und sein Team sind froh, dass es diesmal nichts zu tun gibt.
Nachdem sich alle beim Bäcker gestärkt haben, wollen sie sich eigentlich auf den Rückweg in ihre Feuerwache machen. Unterweg**s** erreicht sie jedoch ein weiterer Hilferuf: *Auf dem Dachboden seines Hauses hat Herr Reiner ein großes Wespennest entdeckt.*
Um zu Herrn Reiner zu gelangen, fährt Benno nach Norden und biegt vor dem Schlosspark nach links ab. Die Wespen sind in einem Haus mit einem runden Fenster.

6 Leider falsch. Jede Minute zählt! Das Feuer ist nicht in einem Einfamilienhaus ausgebrochen, sondern in einem Mehrfamilienhaus.

7 Hier ist kein Papagei. Er genießt seine Freiheit auf einem Laubbaum.

8 Doch auch auf der Feuerwache ist die Arbeit noch nicht zu End**e**. Benno und seine Kollegen müssen noch helfen, alle Ausrüstungsgegenstände zu überprüfen, zu reinigen und wieder ordnungsgemäß im Einsatzfahrzeug zu verstauen. Auch die benutzen Schläuche müssen gewaschen und in den Trockenturm gehängt werden.
Ein langer und anstrengender Arbeitstag ist vorbei, an dem Benno und sein Team wieder vielen Menschen geholfen haben.

Trage die im Text fettgedruckten Buchstaben nacheinander in die Kästchen ein. Folge dabei der Lesespur. Du erhältst einen wichtigen Ausrüstungsgegenstand, den ein Feuerwehrmann bei starkem Rauch braucht.

9 Dicke Rauchwolken quellen aus einem Fenster im Erdgeschoss. Eine Frau hat eine Pfanne mit Öl auf dem Herd vergessen. Das Öl hat sich entzündet und danach einen Teil der Küche in Brand gesteckt. Glücklicherweise sind keine Menschen mehr im Haus! Mit geübten Handgriffen rollen Benno und seine Kollegen die Schläuche aus und schließen sie an den Wasserhydran**t**en an.

Male den Wasserhydranten rot an.

„Wasser marsch!", ruft Benno. Nach fünf Minuten haben die Feuerwehrleute den Brand unter Kontrolle. Sie haben ihn mit zwei D-Schläuchen gelöscht. Ein D-Schlauch hat einen Durchmesser von 25 mm und kann etwa 100 Liter Wasser in einer Minute versprühen.

Wie viel Wasser braucht die Feuerwehr für das Löschen des Küchenbrands?

- **Ein D-Schlauch versprüht in 5 Minuten ________ Liter.**
- **Zwei D-Schläuche versprühen in 5 Minuten ________ Liter.**

Leider ist nach dem Löschen die ganze Wohnung durch den Rauch und den Ruß stark beschädigt. Bennos Kollegin Simone tröstet die ver**z**weifelte Wohnungsbesitzerin.
Viel Zeit bleibt ihr dafür nicht, denn der nächste Einsatz wartet schon: *Ein umgestürzter Baum blockiert die Straße nach Oberhausen.*
Von Holzheim aus fahren die Feuerwehrleute in Richtung Osten.

10 Du bist falsch abgebogen. Lies noch einmal bei Nummer 1 nach, wo genau sich der Unfall ereignet hat.

(11) Weil Herr Reiner allergisch auf Wespenstiche reagiert, darf Bennos Team das Wespennest auf seinem Dachboden entfernen. Natürlich werden die Wespen nicht einfach getötet. Zwei Feuerwehrleute ziehen sich spezielle Insekten-Schutzanzüge an und betäuben die Insekten mit einem Gas. Dann wird das Nest mit seinen Bewohnern in den Schlosspar**k** umgesetzt. Nachdem auch das erledigt ist, geht es endlich zurück zur Feuerwache.

(12) Als das Feuerwehrauto angebraust kommt, sitzt der schöne Vogel mit rotem Körper, blau-gelb gemusterten Flügeln und grünen Schwanzfedern immer noch auf der Eiche.

Male den Papagei an.

Simone, eine Kollegin von Benno, versucht, den Papagei mit Obststückchen herunterzulocken. Viele Menschen beobachten das Geschehen. Weil alle**s** Locken und Zureden nichts nützt, fährt Benno doch die Drehleiter aus. Simone gelingt es auch tatsächlich, das Tier einzufangen. Weil niemand weiß, wem der Papagei gehört, bringen sie ihn ins Tierheim.
Das Tierheim liegt vom **Sc**hlosspark aus in Richtung Westen. Man kann es ganz leicht erkennen, weil hinter dem Haupthaus noch drei kleine Gebäude mit Käfigen stehen.

(13) Eine über 10 m hohe Fichte liegt quer über der Fahrbahn. Zum Glück wurde kein vorbeifahrendes Auto beschädigt und niemand verletzt. Es hat sich aber in beide Fahrtrichtungen schon ein kleiner Stau gebildet. Benno und seine Leute sichern die Straße ab und holen dann Motorsäge und Axt aus ihrem Einsatzfahrzeug. Mit vereinten Kräften ist der Bau**m** rasch in kleine Teile zersägt und von der Straße geschafft.
Jetzt sind alle Einsatzkräfte wirklich erschöpft. Es ist höchste Zeit für eine Tasse Kaffee und eine Kleinigkeit zu Essen! Benno und seine Leute wollen bei einer Bäckerei in der Nähe der Oberhausener Schule eine Pause einlegen.

(14) Frau Pauli wartet schon voller Sorge vor ihrem Haus. Zum Glück hat das Wasser aus der Wasch**m**aschine die Heizung nicht beschädigt. Es ist kein Öl ausgelaufen und so ist der gröbste Schaden mithilfe der Pumpe aus dem Einsatzfahrzeug schnell behoben. Doch schon wieder knarzt das Funkgerät: *Im Schlosspark sitzt ein entflogener Papagei auf einer hohen Eiche.*
Benno und sein Team sollen ihn herunterholen. Für diesen Einsatz brauchen die Feuerwehrleute kein Blaulicht, trotzdem trödeln sie nicht. Der Schlosspark liegt ganz in der Nähe in Richtung Westen.

(15) Du bist in die falsche Himmelsrichtung gefahren. Den umgestürzten Baum findest du östlich von Holzheim.

(16) In diesem Haus gibt es kein Wespennest. Lies noch einmal die Nummer 5 und achte auf die Beschreibung der Fenster.

Meine Lesespur:

1, ______, ______, ______, ______, ______, ______, ______, ______, ______.

Lösung „Ein aufregender Tag bei der Feuerwehr“

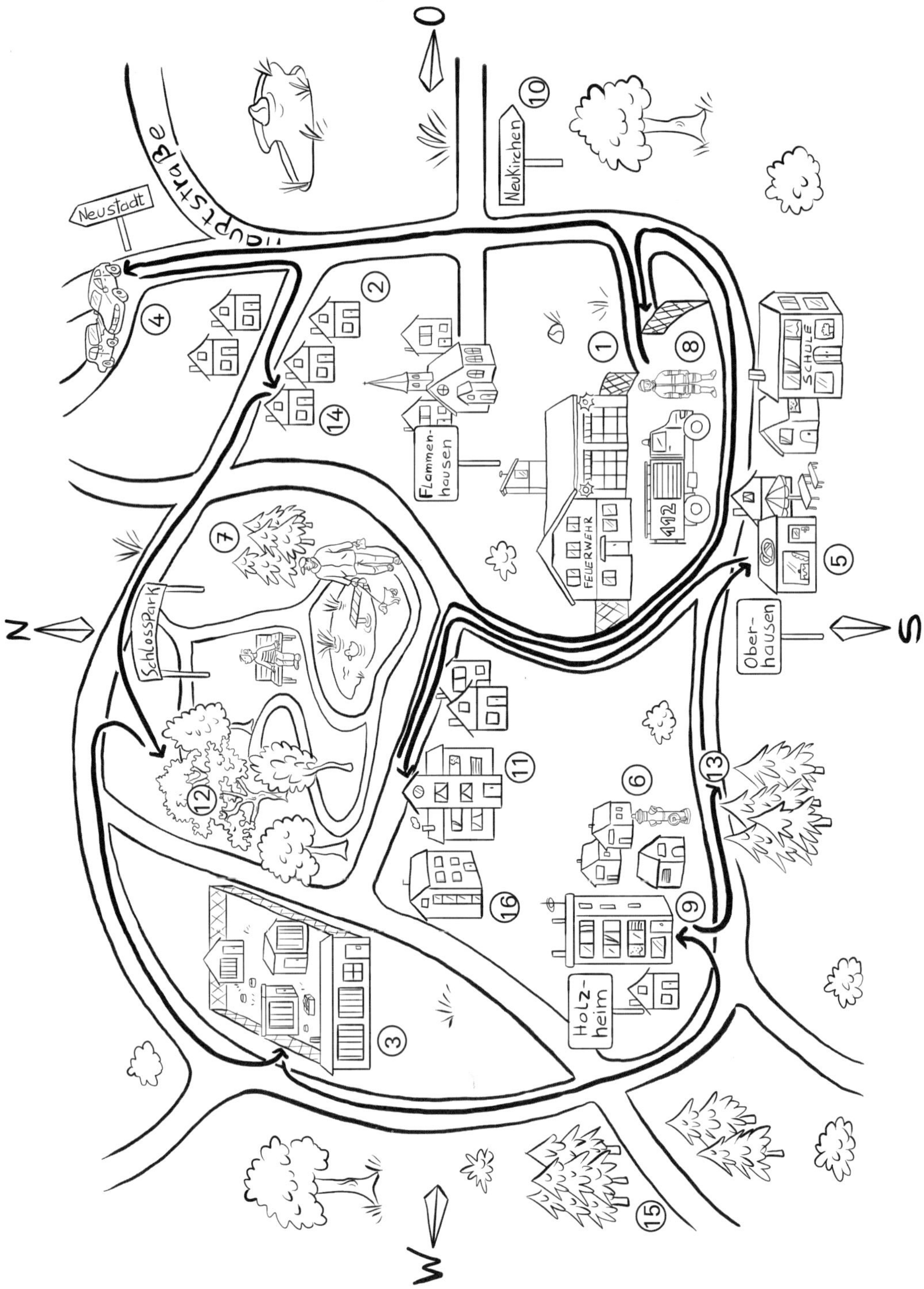

Lesespur: 1, 4, 14, 12, 3, 9, 13, 5, 11, 8.

Lösungssatz: Bei starkem Rauch braucht der Feuerwehrmann eine

A	t	e	m	s	c	h	u	t	z	m	a	s	k	e

.

Lösung zu Nr. 9: Ein D-Schlauch versprüht in fünf Minuten **500** Liter.
Zwei D-Schläuche versprühen in fünf Minuten **1000** Liter.

Lesespurlandkarte „Als Naturforscher im Wald“

Name: ______________________ Datum: ______________

Name: ______________________________ Datum: ________________

Als Naturforscher im Wald

Heute ist es endlich soweit. Die Drittklässler machen einen Unterrichtsgang in den Wald. Sie werden sogar den Förster und den Jäger treffen. Am Morgen wandern sie vom Schulhaus in Richtung Wald. Alle sind schon sehr gespannt.

Wenn du wissen willst, was die Klasse bei ihrem Unterrichtsgang in den Wald erlebt, beginne bei 1 mit dem Lesen. Schreibe die weiteren Nummern deiner Lesespur am Ende der Geschichte auf.

(1) Am *Jägerstand* warten die zwei Fachleute. Der Jäger Jonas erklärt: „Ich kümmere mich um die Tiere. Der Förster Huber ist für die Bäume zuständig. Zum Wohl des Waldes arbeiten wir beide zusammen. Lasst uns in den Wald hineingehen!“ Die Kinder stürmen sofort los.
Doch weit kommen sie nicht, denn der Förster ruft: „Wartet! Sucht zuerst einmal die hohe Tanne. Dort erkläre ich euch etwas.“

(2) Die Kinder entdecken ein *Eichhörnchen,* auf das die Beschreibung des Försters passt. Er erklärt dazu: „Es frisst Baumsamen, Nüsse, Eicheln, Beeren, aber auch Insekten, Vogeleier und Jungvögel. Im Winter hält es Winterruhe und wacht nur auf, wenn es Hunger hat. Dann frisst das Eichhörnchen von den Vorräten, die es im Herbst gesammelt und versteckt hat.“
Nun lädt der Jäger zu einer Brotzeit ins Forsthaus ein.

(3) Falsch! Der *Steinpilz* ist ein beliebter Speisepilz.

(4) Genau. Die Schüler haben die *Tanne* sofort an den nach oben stehenden Zapfen erkannt. Der Förster ist begeistert: „Super! Die Zapfen der Tanne bleiben am Baum und nur die Schuppen fallen einzeln ab. Die ganzen Zapfen, die ihr am Waldboden findet, sind Fichtenzapfen!“
Die Klasse marschiert weiter. Plötzlich bleiben alle bei einem giftigen Pilz stehen. Er hat eine rote Kappe mit weißen Punkten.

(5) *Der Waldkauz* ist unheimlich. Zum Glück sitzt er auf dem Baum! „Er lebt in Baum- oder Felshöhlen und ernährt sich von Mäusen oder Kleinvögeln“, erzählt der Jäger. Da fliegt er auch schon davon.
Beinahe gleichzeitig raschelt und kracht es plötzlich am Waldrand. Alle fahren erschrocken herum und starren auf ein großes Tier mit einer auffälligen, schwarz-weißen Kopfzeichnung.

(6) Auch *Heidelbeeren* sind lecker. Weil sie blau sind, heißen sie auch *Blaubeeren*. Trotzdem wollten die Kinder nicht hierher. Lies noch mal bei Nummer 13 nach.

(7) An der Eiche erklärt der Jäger: „Die *Eicheln* sind ein Leckerbissen für den Dachs. Auch Wildschweine fressen sie gern“, erklärt der Jäger. Der Förster ergänzt: „Und Eichenholz ist beliebt als Baustoff oder für Möbel. Eine Eiche kann 1000 Jahre und älter werden.“ Aus der Schule wissen die Kinder, dass man sie leicht an den Früchten oder den gebuchteten Blättern erkennt.
Da es schon fast Mittag ist, verabschieden sich die Drittklässler von ihren Begleitern und machen sich auf den Rückweg. Alle sind sich einig: Das war ein toller Tag im Wald!

(8) „Richtig, das ist der grüne *Knollenblätterpilz*. Er ist einer der giftigsten Pilze überhaupt!“, warnt der Lehrer. „Er sieht dem essbaren Wiesenchampignon in jungem Alter zum Verwechseln ähnlich. Da ist es schon passiert, dass ihn jemand aus Versehen gegessen hat und dann gestorben ist. Wenn man nicht sicher ist, lässt man ihn lieber stehen!“
Auf einmal hören sie Lärm von einer Motorsäge. Dann sehen sie einen Waldarbeiter mit oranger Warnweste.

(9) Stimmt nicht. Der *Baummarder* frisst vor allem kleine Tiere. Er jagt nachts z.B. Eichhörnchen, Vögel, Insekten, aber auch Vogeleier und Beeren.

(10) Nein, die *Kiefer* verliert nicht ihre Nadeln. Wähle einen anderen Nadelbaum.

(11) Ah, die *Brombeeren* schmecken traumhaft! Jetzt Ende September sind sie süß und saftig. Die Kinder pflücken den Strauch leer. Das macht aber nichts. Denn Brombeeren gibt es öfter im Wald an hellen Wegrändern.
Da ruft der Förster: „Wer ist als Erstes am Baumstumpf dort drüben?“

(12) Das ist ein Wanderer mit Gehstock. Versuche es bei einer anderen Person.

(13) Richtig. Die Kinder erkennen den *Fliegenpilz* an der roten Kappe, den weißen Lamellen und dem weißen Stiel. Sie wissen auch, dass auf dem Hut weiße Flecken sind und er schwach giftig ist. Ihr Lehrer erklärt: „Fass Giftpilze am besten gar nicht an! Wenn du sie aus Versehen anfasst, stecke dir auf keinen Fall die Finger in den Mund. Du musst sie unbedingt erst waschen. Sehr lecker sind jedoch Brombeeren. Von ihnen dürft ihr naschen. Da hinten sehe ich schon einen Strauch.“ Sofort stürzen alle Kinder los.

(14) Goldrichtig! Der Förster erklärt den Schülern, dass die *Lärche* im Herbst tatsächlich alle Nadeln verliert: „Nur so überlebt sie den Winter. Die Samen in den Lärchenzapfen sind ein Leckerbissen für ein kleines Tier mit rotbraunem Fell. Es springt gern von Baum zu Baum. Na, entdeckt ihr es hier irgendwo?“

(15) Im Forsthaus lassen sich alle Wiener Würstchen in der Semmel und Apfelschorle schmecken. Nach der Pause entdeckt die Klasse nicht weit vom Forsthaus viele Pilze. „Sucht bitte einen Pilz mit einem langen, dünnen Stiel und einer großen Wurzelknolle“, fordert der Lehrer sie auf.

(16) Die gelblichen *Pfifferlinge* haben weder weiße Punkte auf ihrer Kappe noch einen langen dünnen Stiel. Hier bist du also verkehrt.

(17) „Wow, ein *Dachs*!“, staunt die Gruppe. Jäger Jonas flüstert: „Obwohl Dachse verbreitet sind, sieht man sie nur selten, da sie nachtaktiv sind. Tagsüber schlafen sie in ihrem unterirdischen Bau, der verschiedene Kammern und lange Gänge hat. Der Dachs ist ein Allesfresser: Er frisst Pflanzen und kleine Tiere.“ Rasch verschwindet der Dachs wieder in seiner Höhle.

Förster Huber vermutet: „Wahrscheinlich hat ihn die Eiche dort angelockt.“

(18) Das ist ein *Baumstamm*. Lies noch einmal genau bei Nummer 11 nach.

(19) Das ist ein *Ahorn*. Sieh genau die Blätter und Früchte der Bäume an.

(20) Falsch. Das ist eine *Fichte*. Achte auf die Nadeln und die Zapfen. Gehe zurück zur letzten richtigen Nummer und lies noch einmal genau nach.

(21) Diese *Bretterbude* steht leer. Niemand möchte hier eine Pause machen.

(22) Am Baumstumpf erklärt der Förster: „Hier lest ihr, wie alt ein Baum ist. Seht ihr die dunklen und hellen *Wachstumsringe*? Ein heller und ein dunkler Ring bedeuten zusammen ein Jahr. Dieser Baum hat 52 Ringe. Er ist also 26 Jahre alt geworden. Ich musste ihn fällen, weil dieser Borkenkäfer ihm so stark geschadet hat.“ Der Förster zeigt dabei auf eine Tafel in der Nähe.

(23) Leider falsch. Der große *Hirschkäfer* ist selten und streng geschützt. Das Geweih der Männchen ist besonders. Aber es schadet den Bäumen nicht.

(24) Der *Rotfuchs* hat leider keine schwarz-weiße Kopfzeichnung. Die Schüler suchen ein anderes Tier, das etwas größer und seltener zu sehen ist.

(25) „Vorsicht!“, warnt der *Waldarbeiter*. „Ich fälle hier Bäume!“ Deshalb trägt der Mann auch die leuchtende Warnweste und den Schutzhelm. Die Klasse macht zur Sicherheit einen Umweg.
Plötzlich hören sie ein unheimliches „Huhu, huhu!“. Was ist das? Der Jäger zeigt nach oben. Auf einem Ast sitzt ein Tier und starrt die Kinder an.

(26) Richtig, alle stehen vor der Schautafel. Der Förster erklärt: „Der Borkenkäfer ist ein gefährlicher Schädling. Denn er legt seine Eier in die Rinde der Bäume. Die Larven fressen dort und schaden dem Baum. Sind es zu viele, stirbt er."
Als Nächstes will Herr Huber zu einem besonderen Nadelbaum, der als Einziger im Herbst seine Nadeln verliert.

(27) Leider nein! Ein *Habicht* macht nicht „Huhu, huhu!".

(28) Bucheckern, die Früchte der *Buche*, mag der Dachs auch. Aber Huber wollte zu einem anderen Baum. Lies noch einmal genau bei Nummer 17.

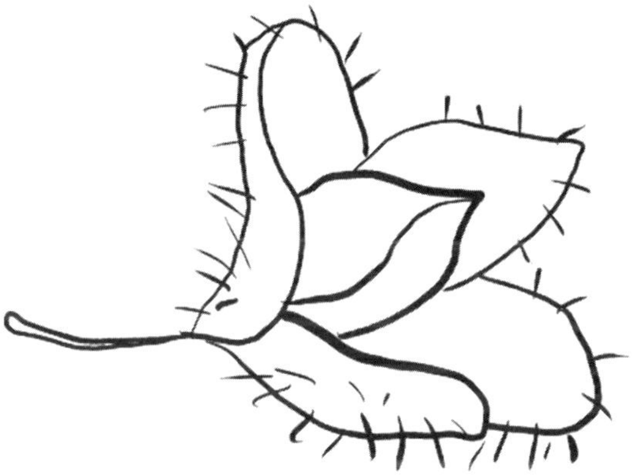

Meine Lesespur:

1, ______, ______, ______, ______, ______, ______, ______, ______,

______, ______, ______, ______, ______.

Name: ______________________ Datum: ______________

Als Naturforscher im Wald

Auf diesen Herbsttag haben sich die Drittklässler schon lange gefreut. Für heute hat ihr Lehrer einen Unterrichtsgang in den Wald geplant. Das Beste ist, dass sie sogar den Förster und den Jäger als Experten treffen. Am Morgen sind die Schüler pünktlich um 8:00 Uhr vor dem Schulhaus. Jeder hat einen kleinen Rucksack mit dem Notwendigsten dabei. Als auch das letzte Kind eingetroffen ist, setzt sich der Lehrer an die Spitze der Gruppe und es geht los.

Wenn du wissen willst, was sie bei ihrem Unterrichtsgang in den Wald alles entdecken, beginne bei 1 mit dem Lesen. Schreibe die weiteren Nummern deiner Lesespur am Ende der Geschichte auf.

(1) Beim großen *Jägerstand* am Rand des Waldes warten schon die beiden Fachleute auf die Klasse. Der Jäger erklärt, dass er sich vorrangig um die Tiere kümmert und der Förster vor allem für die Bäume zuständig ist. Zum Wohl des Waldes[6] müssen aber beide sehr gut zusammenarbeiten. Die Kinder haben sofort viele Fragen, doch sie werden von ihrem Lehrer gebremst. Er möchte, dass sie zuerst ein paar Schritte in den Forst gehen, um alles vor Ort zu besprechen. Doch weit kommen sie nicht, denn schon nach wenigen Metern ruft der Förster: „Halt, dort bei der hohen Tanne möchte ich etwas erklären. Wartet bitte davor!“

(2) Du hast Recht! Auf das *Eichhörnchen* trifft die Beschreibung zu. Der Jäger erklärt den Kindern: „Es ernährt sich überwiegend von Baumsamen, Nüssen, Eicheln, Beeren. Das Tier lebt in einem Nest, dem Kobel, auf Bäumen. Es kann sehr gut klettern und springen. Im Winter hält es Winterruhe und wacht nur auf, wenn es Hunger hat. Dann frisst das Eichhörnchen von den Vorräten, die es im Herbst gesammelt und versteckt hat.“
Anschließend schlägt der Jäger vor, im Forsthaus eine kleine Brotzeit zu machen. Die Schüler sind begeistert und rennen los.

(3) Falsch! Der *Steinpilz* ist ein beliebter Speisepilz.

(4) Genau. Die Schüler haben die *Tanne* natürlich sofort an ihren nach oben stehenden Zapfen erkannt. Der Förster erklärt: „Im Vergleich zu den spitzen, harten Nadeln der Fichte sind die Tannennadeln viel weicher und haben zwei schmale Wachsstreifen auf der Unterseite. Die Zapfen der Tanne bleiben am Baum. Nur die Schu[3]ppen fallen einzeln ab. Die ganzen Zapfen, die ihr auf dem Waldboden findet, nennt man oft „Tannenzapfen“. Aber eigentlich sind es stets Fichtenzapfen. Denn nur diese fallen als Ganzes herab! Als Weihnachtsbäume stellt man sich auch gern Tannen ins Haus.“
Wenig später marschiert die Klasse weiter und bleibt bei einem bekannten, giftigen Pilz stehen. Er hat eine auffällige rote Kappe mit weißen Punkten.

(5) Richtig! Der Jäger hat auf einem Ast in den Baumkronen einen *Waldkauz* entdeckt: „Das ist mit der Waldohreule, die leicht an ihren spitzen Ohren zu erkennen ist, die häufigste Eulenart Europas. Der Waldkauz lebt in Baum- oder Felshöhlen und ernährt sich von Mäusen, kann aber auch auf Kleinvögel umsteigen.“ Da er sich von den Kindern in seiner Ruhe gestört fühlt, breitet er seine Schwingen aus und segelt davon.

Beinahe gleichzeitig raschelt und kracht es plötzlich im Unterholz. Alle fahren erschrocken herum und glauben ihren Augen kaum. Da steht doch tatsächlich nur wenige Meter entfernt am Waldrand ein ziemlich großes Tier mit auffälliger schwarz-weißer Kopfzeichnung.

(6) Die *Heidelbeeren* sind auch lecker. Oft werden sie auch als *Blaubeeren* bezeichnet. Trotzdem wollten die Kinder nicht hierher. Lies noch mal genau bei 13 nach.

(7) Genau. Der Jäger erzählt den Schülern: „Die *Eicheln* sind ein Leckerbissen für den Dachs. Aber auch Wildschweine fressen sie gern. Früher wurden die Früchte der Eiche sogar gemahlen und als günstiger Kaffee-Ersatz benutzt." Der Förster ergänzt: „Das Eichenholz ist ein Edelholz, weil es so fest ist. Deshalb wird es oft als Baustoff oder für Möbel verwendet. Die Eiche kann durchaus 1000 Jahre und älter werden." Die Kinder wissen bereits aus der Schule, dass man sie, außer an den Früchten, auch leicht an den gebuchteten Blättern erkennt.
In der Zwischenzeit ist es schon spät geworden, fast Mittag. Um rechtzeitig zum Schulschluss wieder zurück an der Schule zu sein, verabschieden sich die Drittklässler von ihren Begleitern. Das war ein to[8]ller, lehrreicher Tag im Wald!

Wenn du noch genau wissen willst, welchen wichtigen Stoff – außer Holz – Wälder herstellen, trage die mit Nummern markierten Buchstaben in der richtigen Reihenfolge unten in die Kästchen ein.

(8) „Richtig, das ist der grüne *Knollenblätterpilz*!", lobt der Lehrer. „Er wächst oft in der Nähe von Laubbäumen, besonders von Eichen und Buchen. Er ist einer der giftigsten Pilze überhaupt. Ein Verzehr kann sogar tödlich sein! Das ist schon mehrfach vorgekommen, da er in jungem Alter dem essbaren Wiesenchampignon zum Verwechseln ähnlich sieht. Wenn man sich nicht sicher ist, lässt man ihn also lieber stehen. Oder man fragt einen Pilzberater, den es in vielen Städten gibt."
Auf einmal hören sie Lärm von einer Motorsäge. Hinter einigen Stämmen taucht ein Waldarbeiter mit orangef[10]arbener Warnweste auf.

(9) Stimmt nicht! Der *Baummarder* springt zwar auch von Ast zu Ast und hat ebenso ein rotbraunes Fell. Aber er frisst vor allem kleine Tiere, die er nachts jagt, wie z.B. Eichhörnchen, Vögel oder Insekten. Und manchmal frisst er auch Vogeleier und Beeren.

(10) Nein, die *Kiefer* verliert ihre Nadeln im Herbst nicht. Wähle einen anderen Nadelbaum.

(11) Oh ja, die *Brombeeren* schmecken traumhaft. Jetzt Ende September sind sie süß und saftig. Vorsichtig, damit sie sich an den spitzen Dornen nicht verletzen, pflücken die Kinder den ganzen Strauch leer. Das macht nichts, denn Brombeeren sind in jedem Wald weit verbreitet. Gern wachsen sie an den etwas helleren Wegrändern.
Da ruft der Förster alle zu sich. Er möchte an einem Baumstumpf etwas zeigen.

(12) Nein, das ist ein Wanderer mit Gehstock. Versuche es bei einer anderen Person.

(13) Richtig. Die Kinder haben in der Schule gelernt, dass der *Fliegenpilz* eine rote Kappe, weiße Lamellen und einen weißen Stiel hat. Sie wissen auch, dass auf dem Hut weiße Flecken sind und er nur schwach giftig, aber nicht harmlos ist. Deshalb warnt der Lehrer: „Wenn du giftige Pilze anfasst, solltest du dir danach auf keinen Fall die Finger in den Mund stecken. Du musst dann unbedingt zuerst deine Hände waschen. Fass Giftpilz am besten gar nicht erst an! Zerstöre sie aber auch nicht, denn sie sind oft Nahrung für Wildtiere, die sie vertragen.
Sehr schmackhaft sind die Brombeeren am Strauch dort drüben. Von ihnen dürft ihr gern naschen!" Sofort stürzen sich die Jungen und Mädche[4]n darauf.

(14) Goldrichtig! Der Förster erklärt: „Die *Lärche* verliert wirklich als einziger Nadelbaum im Herbst ihre Nadeln. So übersteht sie den Winter ohne Wassermangel und Austrocknung. Die Samen in den Lärchenzapfen sind ein echter Leckerbissen für ein kleines Tier mit rotbraunem Fell, das gern von Baum zu Baum springt."

Streiche mit einem großen X, das Tier in der Karte durch, das ganz sicher nicht in einem deutschen Wald lebt.

(15) Die beiden Waldexperten haben eine tolle Brotzeit hergerichtet: Wiener Würstchen in der Semmel mit Ketchup oder Senf[9] und dazu kalte Apfelschorle. Der Jäger erzählt, dass man auf der anderen Seite der Lichtung am Waldrand im Morgengrauen und in der Abenddämmerung häufig Rehe und ihre männlichen Artgenossen, die Rehböcke, beobachten kann. Das würden die Kinder auch gern einmal sehen!
Nach einer Weile ist die Pause beendet und der Lehrer treibt zum Aufbruch an.
Sie stoßen nicht weit entfernt von der Hütte auf verschiedene Pilze, die sie heute noch nicht gesehen haben. Der Lehrer möchte ihnen etwas über einen der giftigsten Pilze überhaupt erzählen: Er hat einen langen, dünnen Stiel mit einer großen Wurzelknolle.

(16) Die gelblichen *Pfifferlinge* sind sehr lecker. Sie haben aber keine weißen Punkte auf ihrer Kappe und einen langen, dünnen Stiel. Du bist also verkehrt.

(17) „Wow, schon beeindruckend so ein ausgewachsener *Dachs*!", staunen die Kinder. Der Jäger flüstert leise: „Obwohl Dachse recht verbreitet sind, bekommt man sie nur selten zu Gesicht, da sie nachtaktiv sind. Tagsüber leben sie im Waldboden in ihrem großen Bau mit verschiedenen Kammern, die durch lange Gänge mit[7]einander verbunden sind.

Der Wohnkessel liegt oft fünf Meter tief. Grundsätzlich ist der Dachs ein Allesfresser. Das heißt er kann sich von Pflanzen und kleinen Tieren ernähren. Häufig besteht über die Hälfte seiner Nahrung aus Regenwürmern!" Darüber müssen alle lachen. Und der „Grimbart", wie der Dachs im Märchen heißt, verschwindet rasch wieder in seiner Höhle. Der Förster hat inzwischen schon eine Idee, was den Dachs angelockt haben könnte. Nur wenig entfernt steht eine große Eiche. Er[5] führt die Jungen und Mädchen hin.

(18) Das ist ein *Baumstamm*, kein Baumstumpf.

(19) Das ist ein *Ahorn* und keine Eiche. Sieh dir genau die Blätter und Früchte an.

(20) Falsch. Das ist eine *Fichte*. Achte besser auf die Nadeln und die Zapfen.

(21) Diese verfallene *Bretterbude* steht leer. Niemand möchte hier Pause machen.

(22) Perfekt! Einige Faulpelze wollen sich auf den Baumstumpf setzen, doch der Förster scheucht sie gleich wieder hoch: „Hier s[1]eht ihr sehr schön die dunklen und hellen *Wachstumsringe*. Sie geben genau das Alter eines Baumes an. Ein heller und ein dunkler Ring ergeben zusammen immer ein Jahr. Bei diesem Baum habe ich insgesamt 52 Ringe gezählt. Wie alt war der Baum, als er gefällt wurde?" Die Kinder überlegen.

Rechne aus, wie alt der Baum ist. Dann weißt du, bei welcher Nummer es weiter geht.

(23) Der *Hirschkäfer* ist ziemlich selten und streng geschützt, weil er so groß ist und die Männchen auffällige Geweihe tragen. Aber der Käfer schadet den Bäumen nicht. Es geht bei Nummer 26 mit dem Waldschädling weiter.

(24) Der *Rotfuchs* hat keine schwarz-weiße Kopfzeichnung. Er ist eher rötlich, bräunlich oder orangefarben mit weißem Bauchfell.

(25) „Vorsicht!“, warnt der *Waldarbeiter* die Klasse und ihre Begleiter vor den Holzarbeiten und Baumfällungen im Gebiet. „Macht besser einen großen Bogen darum. So ein umstürzender Ba^{2}um ist sehr gefährlich!“ Zur Sicherheit trägt der Mann seine leuchtende Warnweste, einen Schutzhelm und auch eine robuste Schnittschutzhose. Er zersägt nämlich die Stämme mit der Motorsäge zu Brennholz für private Kamine und Öfen.
Da die Gruppe den Arbeiter nicht länger stören will, gehen sie einen kleinen Umweg. Da dringt plötzlich ein etwas Unheimliches „Huhu, huhu!“ an ihre Ohren. „Was ist das?“, fragen die Schüler erschrocken. Der Jäger legt nur seinen Finger auf die Lippen und deutet mit dem anderen Arm nach oben Richtung Baumwipfel.

(26) „Genau! Sehr gut gerechnet: 52 geteilt durch 2 ist 26!“, lobt Herr Huber. „Der *Borkenkäfer* auf der Schautafel hier ist ein gefährlicher Schädling, wenn er in Massen auftritt.Denn er legt seine Eier in der Rinde der Bäume ab. Die Larven ernähren sich vom Saft in der Rinde, der die Lebensader eines Baumes ist. Ein starker Befall führt deshalb meist zum Absterben. Besonders anfällig für den Borkenkäfer sind Wälder mit nur einer Art von Bäumen, z.B. nur Fichten. In gesunden Mischwäldern mit Laub- und Nadelbäumen kann sich der Borkenkäfer nicht so leicht ausbreiten.
Und nun auf zu einem außergewöhnlichen Baum: Zum einzigen Nadelbaum, der im Herbst alle seine Nadeln verliert!“

(27) Leider nein! Die Geräusche eines *Habichts* klingen nicht nach „Huhu, huhu!“.

(28) Bucheckern, die Früchte der *Buche*, mag der Dachs auch, aber der Förster wollte woandershin. Lies noch einmal bei 17 nach.

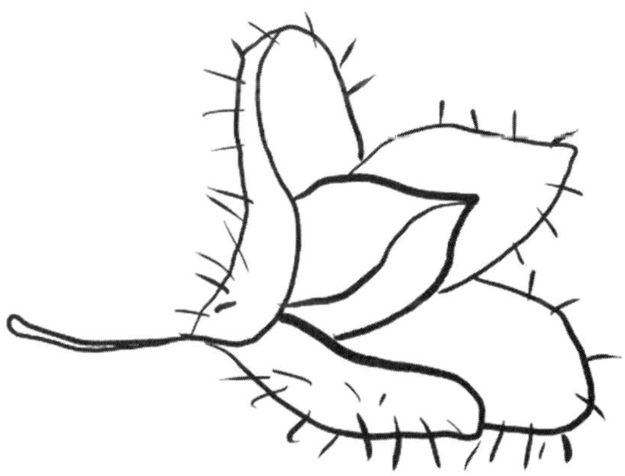

Mein Lösungswort: ____1, ____2, ____3, ____4, ____5, ____6, ____7, ____8, ____9, ____10

Meine Lesespur:

1, ____, ____, ____, ____, ____, ____, ____, ____, ____, ____, ____, ____, ____, ____ .

Lösung „Als Naturforscher im Wald“

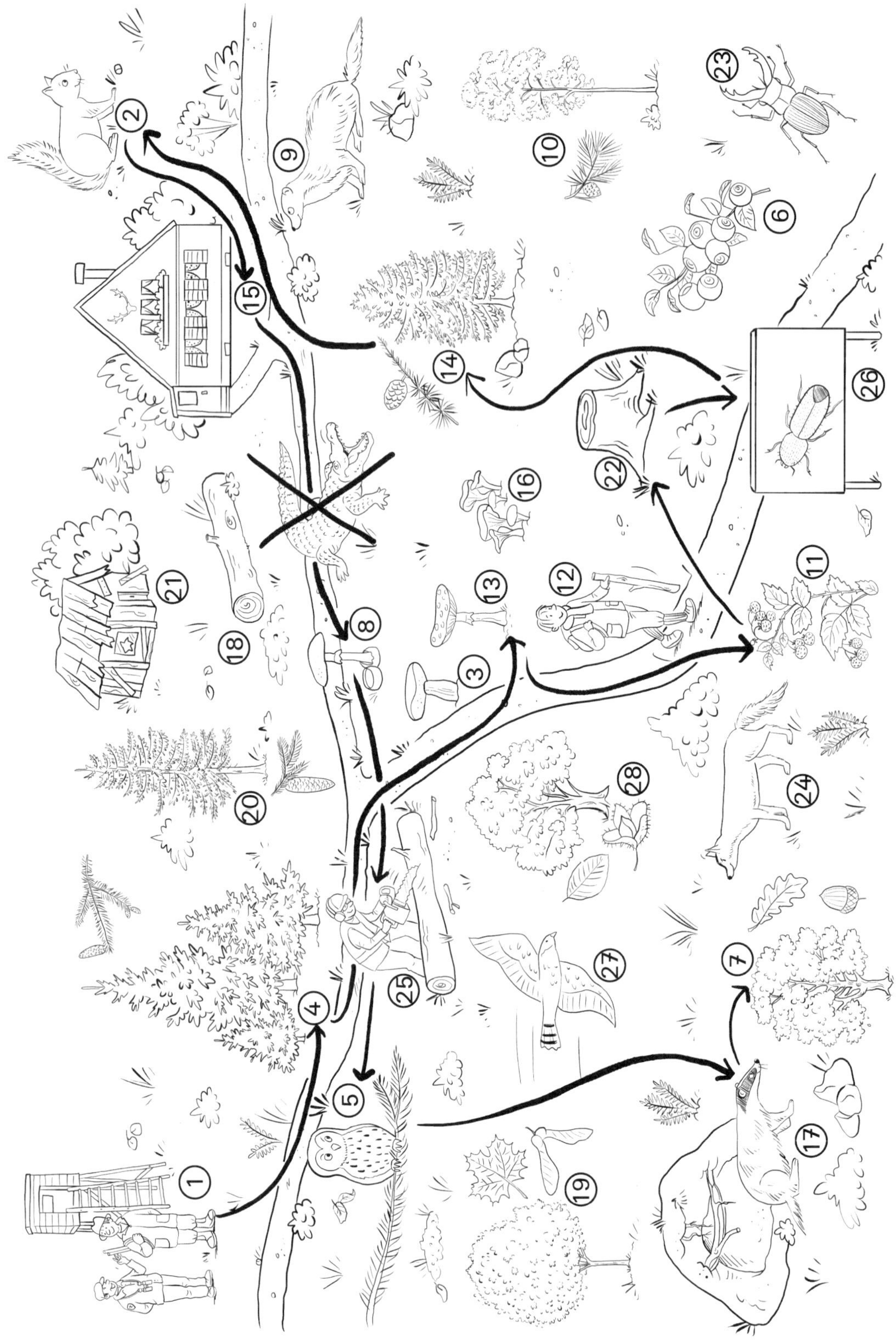

Lesespur: 1, 4, 13, 11, 22, 26, 14, 2, 15, 8, 25, 5, 17, 7.

Lösungswort:

S_1	A_2	U_3	E_4	R_5	S_6	T_7	O_8	F_9	F_{10}

Lesespurlandkarte „Auf Fotosafari am Teich“

Name: ______________________________ Datum: ____________________

Name: ______________________ Datum: ______________

Auf Fotosafari am Teich

Die drei Freunde Martina, Tobias und Andreas gehen in die vierte Klasse. An einem Nachmittag lesen sie Zeitschriften bei Martina.

Auf einmal ruft Tobias: „Seht mal, im neuen Naturfreunde-Heft gibt es einen Fotowettbewerb. Wer das schönste Foto von einem Eisvogel macht, erhält das Heft ein Jahr lang umsonst.“ „Au ja, lasst uns da mitmachen!“, rufen Martina und Andreas. Sofort fahren sie mit dem Fahrrad an einen Teich am Waldrand.

Bei Nummer 1 beginnt die Fotosafari. Schreibe die weiteren Nummern deiner Lesespur am Ende der Geschichte auf.

(1) Die Kinder lehnen ihre Fahrräder an einen Baum und flitzen zum Steg. Sie haben einen Kescher, eine Lupe, eine Becherlupe, ein Bestimmungsbuch und eine Kamera dabei. Vom Steg aus schauen sie gespannt über den Teich. Doch nirgends ist ein Eisvogel. Das wird wohl eine längere Suche!
Da es windstill ist und das Wasser klar ist, sehen die Kinder bis zum Grund des Teichs. Direkt neben der Pflanze *Wasserpest* entdecken sie eine *Posthornschnecke.*

(2) Das ist ein Höckerschwan, kein Graureiher. Lies noch einmal genau bei Nummer 24 nach.

(3) Das ist keine Libelle. Die Stechmücke interessiert die Kinder nicht.

(4) Richtig. Die *Teichrose* hat kleine, gelbe Blüten. Sie sieht durch das Fernglas wunderschön aus und leuchtet über den ganzen Teich.
„Gib mir schnell die Lupe!“, flüstert plötzlich Tobias. Er hat eine große *Libelle* entdeckt und möchte sie sich in dem Vergrößerungsglas ansehen.

(5) Die *Bachforelle* versteckt sich am Ufer. Als Raubfisch lauert sie in der Strömung auf vorbeischwimmende Beute.
Einige Meter weiter entdecken die drei Freunde leuchtend gelbe Blumen. Martina rennt zu den *Sumpfschwertlilien,* die sie am schönsten findet.

(6) „Hier im Schilf ist das Nest“, ruft Tobias, „aber ohne Jungvögel.“ „Schade“, bemerkt Martina enttäuscht, „nur ein paar Federn liegen noch da.“
Kurz darauf finden die Kinder eine Pflanze mit dem Namen *Froschlöffel.*

(7) Nein, das ist ein *Gelbrandkäfer*. Seine Hinterbeine haben dichte Borsten und dienen beim Schwimmen als Paddel. Er kann aber auch fliegen.

(8) Stimmt, die *Posthornschnecke* erkennt man wirklich leicht an ihrem Haus. Auf einmal ruft Martina: „Seht mal, dort drüben schwimmt ein *Teichmolch*!"

(9) Nicht richtig. Das ist der rosa blühende *Wasserknöterich*. Diesen gibt es sehr oft im Uferbereich von stehenden Gewässern wie diesem Teich.

(10) „Der *Teichrohrsänger* wird oft Rohrspatz genannt. Sein Nest liegt meist im Schutz von Schilfhalmen knapp über dem Wasser", liest Martina aus dem Bestimmungsbuch vor. Die Viertklässler suchen nun nach dem Nest des Vogels.

(11) „Hier ist der *Froschlöffel!*", erklärt Martina. „Ich erkenne ihn immer an seinen großen Blättern, die wie große Löffel aussehen."
Die Jungs haben schon ein neues Tier entdeckt: den *Rückenschwimmer*.

(12) „Einfach fantastisch dieses Wunderwerk der Natur!", haucht Tobias. Da die *Libelle* gerade still auf einem Blatt sitzt, können die drei Forscher ihre Einzelheiten unter der Lupe gut erkennen. „Sie ist leuchtend blau, also ist es ein Männchen, oder?", wispert Andrea. „Ja, stimmt genau. Die Weibchen schimmern grün", stimmen ihr die beiden Jungen zu.
Schon fliegt die Libelle davon. Das macht aber nichts, denn die Naturfreunde haben gerade einen *Teichrohrsänger* entdeckt.

(13) Tatsächlich! Das ist der wunderschöne, geschützte *Eisvogel*. Martina zückt ihren Fotoapparat. „Klick, klick, klick", macht es, als sie drei Fotos macht. „Hurra!", jubeln die Kinder, „damit gewinnen wir bestimmt das Jahresabo!" Fröhlich düsen die drei nach Hause.

(14) Leider nein. Am Gehäuse kannst du hier eine *Spitzschlammschnecke* erkennen.

(15) Hier bist du verkehrt. Das ist ein *Karpfen*. Er mag stehende Gewässer, wie z.B. Teiche und Seen. Gern versteckt er sich zwischen Pflanzen im flachen Uferbereich, wo er im Schlamm nach Nahrung wühlt.

(16) Genau. Hier angelt jemand. Martina fragt, ob man hier überhaupt angeln darf. Der junge Mann erklärt: „Ja klar! Ich habe letztes Jahr den Fischerei-Schein gemacht und habe auch eine Erlaubnis für dieses Gewässer."
Beruhigt gehen die Freunde weiter. Als sie wenig später über einen schmalen Bachlauf springen, sieht Andreas den Schatten einer *Bachforelle*.

(17) Die *Sumpfdotterblumen* sind auch gelb und sehr schön. Aber die drei Freunde wollten zu einer anderen Pflanze. Lies noch mal bei 5 nach.

(18) Das ist ein *Wasserläufer.* Er ist so leicht, dass er auf dem Wasser laufen kann. Gehe zurück zur letzten richtigen Nummer und lies noch einmal genau nach.

(19) Die gelben Blüten der *Sumpfschwertlilie* sehen sehr vornehm aus. Martina liest aus dem Bestimmungsbuch vor: „Im Mittelalter hatten einige französische Könige und auch eine sehr reiche deutsche Familie, die Fugger aus Augsburg, die Lilien in ihrem Wappen. Heute sind die Blumen geschützt." Darum dürfen die beiden Jungen und das Mädchen leider keine für zuhause abschneiden. Aber fotografieren ist erlaubt. Martina testet ihre Kamera. Andreas hält mit dem Fernglas nach dem Eisvogel Ausschau.
Auf einmal ruft er: „Seht mal, da mitten auf dem Teich schwimmt noch eine Pflanze mit kleinen, gelben Blüten!"

(20) Der *Graureiher* – oft auch Fischreiher genannt – ist viel größer als ein Eisvogel. Hier bist du nicht richtig.

(21) Falsch. Das ist eine *Kaulquappe.* Aus ihr wird ein grüner *Wasserfrosch* mit schwarzen Flecken, wie er am Ufer auf einem der Steine sitzt. Gehe zurück zu Nummer 8.

(22) Seerosen haben große Blüten. Es gibt sie in den verschiedensten Farben. Versuche es woanders.

(23) Nein, dieser Junge hat einen Kescher und eine Lupe in der Hand. Er beobachtet damit auch die Tier- und Pflanzenwelt. Gehe in die andere Richtung.

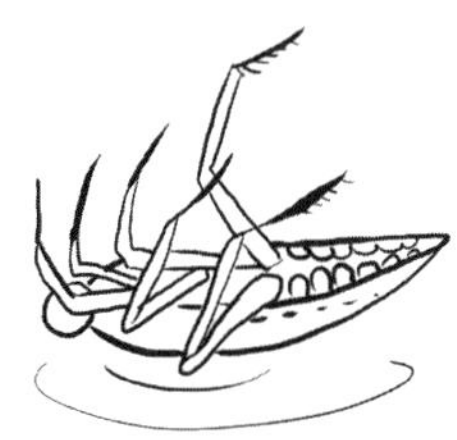

(24) Mit dem Kescher holt Andreas den *Rückenschwimmer* vorsichtig aus dem Wasser heraus. Jetzt schwimmt er mit dem Bauch nach oben in der Becherlupe. So wie sein Name es sagt.
Plötzlich erstarrt Andreas: „Da schimmert etwas Blau-oranges im Schilf! Ein Eisvogel?", flüstert er aufgeregt. Leise schleichen die drei näher.

(25) Die *Ringelnatter* ist eine völlig harmlose Schlange. Sie ist kein Fisch. Das Tier steht unter Naturschutz. Man erkennt sie an den beiden halbmondförmigen gelben Nackenflecken. Lies noch einmal genau Nummer 16.

(26) Das ist eine *Stockente.* Die drei Kinder suchen einen Eisvogel.

(27) Die winzigen *Wasserlinsen* haben keine Blüten. Gehe zurück zur letzten richtigen Nummer.

(28) Zwischen den Gräsern und den auffälligen Rohrkolben könnte das Nest des Teichrohrsängers auch sein. Aber das Dunkle hier ist nur ein Stein. Lies noch einmal ganz genau die Nummer 10.

(29) Gleich neben dem Steg schwimmt der *Teichmolch*. Andreas weiß, dass er zu den Lurchen gehört: „Er ist größer als eine Kaulquappe, aus der später ein Frosch wird. Aber genauso wie Frösche sind Teichmolche *Amphibien*. Die können an Land und im Wasser leben." Der scheue Teichmolch schwimmt weg und so wandern Martina, Tobias und Andreas im Uhrzeigersinn weiter. Die Kamera haben sie griffbereit, falls sie einen Eisvogel sehen sollten. Bald darauf stoßen sie auf einen Jungen mit einer Angel.

Meine Lesespur:

1, ____, ____, ____, ____, ____, ____, ____, ____, ____, ____,

____, ____.

Name: ______________________________ Datum: ______________

Auf Fotosafari am Teich

Die drei besten Freunde Martina, Tobias und Andreas kennen sich schon seit dem Beginn ihrer Schulzeit. Inzwischen gehen sie schon in die vierte Klasse. An einem warmen Herbstnachmittag sitzen sie in Martinas Zimmer und lesen Zeitschriften. Auf einmal ruft Tobias: „Seht mal, im neuen Naturfreunde-Heft gibt es einen Fotowettbewerb. Wer das schönste Foto von einem Eisvogel macht, erhält das Heft ein Jahr lang umsonst." „Au ja, lasst uns da mitmachen!", rufen Martina und Andreas wie aus einem Mund. Sofort beschließen sie mit dem Fahrrad an den kleinen, wunderschönen Teich am Waldrand zu fahren.

Die Fotosafari beginnt bei Nummer 1. Schreibe die weiteren Nummern deiner Lesespur am Ende der Geschichte auf.

(1) Die Kinder lehnen ihre Fahrräder an einen großen Baum. Dass es eine Trauerweide ist, erkennen sie ganz leicht an den Ästen und Blättern, die traurig herabhängen. Sofort flitzen sie mitsamt ihre**r**$_4$ Forscherausrüstung, die aus einem Kescher, einer großen Lupe, einer Becherlupe, einem dicken Bestimmungsbuch und Martinas Kamera besteht, zum hölzernen Steg. Er ragt einige Meter ins Wasser hinaus. Von dort aus schauen sie gespannt über den Teich. Doch nirgends ist ein Eisvogel zu entdecken. Sie stellen sich schon mal auf eine längere Suche ein. Da es windstill und das Wasser klar ist, können sie bis zum Grund sehen. Direkt neben der Pflanze mit dem etwas unheimlichen Namen *Wasserpest* entdecken sie eine auffällige *Posthornschnecke*.

(2) Das ist ein *Höckerschwan* und kein Graureiher. Sieh woanders nach.

(3) Das ist keine Libelle. Diese Stechmücke finden die Kinder nicht interessant.

(4) Perfe**k**$_9$t! Die *Teichrose* hat recht kleine, gelbe Blüten. Sie sieht auch durch das Fernglas wunderschön aus und leuchtet über den ganzen Teich. Ihre Wurzeln sitzen fest im Boden unter dem Teich. Die Stiele sind meist mehrere Meter lang und an ihnen wachsen Schwimm- und Unterwasserblätter.

Male die Blüten der Teichrose gelb aus.

„Gib mir schnell die Lupe!", flüstert plötzlich Tobias. Er hat eine große *Libelle* entdeckt und möchte sie sich unter dem Vergrößerungsglas anschauen.

(5) Die *Bachforelle* lauert als Raubfisch auf vorbeischwimmende Beute, wie kleine Fische, Insekten, Schnecken oder andere Wassertierchen. Fasziniert beobachten die Viertklässler, wie der Fisch mit dem Kopf voraus in der Strömung steht. Nur wenige Schläge mit der Flosse genügen ihm, um die Position zu halten. „Hoffentlich hat der Angler heute Pech und sie geht ihm nicht an den Hake**n**$_6$!", meint Martina. Die beiden Jungen nicken zustimmend.
„Seht mal, dort vorne leuchten gelbe Blumen", ruft Martina und rennt voraus. Schnell stapfen die beiden Jungen ihrer Freundin hinterher, die schon bei den besonders schönen *Sumpfschwertlilien* angekommen ist.

(6) „Hier zwischen dem Schilf ist ein Nest!", ruft Tobias seine Freunde herbei. „Die Jungen scheinen aber schon ausgeflogen zu sein. Nur ein paar Federn liegen noch da. Na ja, macht ja nichts. Lasst uns lieber weiter nach dem Eisvogel suchen!"
Als sie weitergehen, treffen sie auf die Pflanze mit dem lustigen Namen *Froschlöffel*.

(7) Nein, das ist ein *Gelbrandkäfer*. Er wird ungefähr 3 cm groß. Der Käfer kann sich an Land aufhalten, aber auch sehr gut schwimmen und sogar fliegen. Seine Hinterbeine haben dichte Borsten und dienen beim Schwimmen als Paddel.

(8) Stimmt. Die drei Freunde erkennen die *Posthornschnecke* sofort an ihrem Gehäuse mit vier bis fünf Windungen. Andreas erinnert sich: „Unser Lehrer hat doch gesagt, dass die Posthornschnecke die einzige europäische Schneckenar**t**$_{11}$ mit rot gefärbtem Blut ist."
„Genau!", ruft Tobias, „sie kann sogar in recht sauerstoffarmem Wasser überleben."
Auf einmal macht sich Martina bemerkbar: „Seht mal, dort schwimmt ein *Teichmolch*!"

(9) Nicht richtig. Das ist der rosa blühende *Wasserknöterich*. Er ist im Uferbereich stehender Gewässer sehr weit verbreitet.

(10) Als die Kinder fast bei dem Vogel angekommen sind, sehen sie noch einmal in ihrem Bestimmungsbuch nach, ob es auch wirklich ein Teichrohrsänger ist. Andreas liest vor: „Der *Teichrohrsänger* wird oft auch als Rohrspatz bezeichnet. Seine Oberseite ist braun, seine Unterseite weiß. Er wiegt nur 10–15 Gramm. Im Winter fliegt er in das weit entfernte Afrik**a**$_{2}$. Das Nest ist meistens im Schutz von Schilfhalmen knapp über dem Wasser befestigt." „Lasst uns sein Nest suchen!", unterbricht Tobias ihn.

(11) „Das ist der *Froschlöffel*", erklärt Martina, „Ich erkenne ihn immer an seinen großen löffelartigen Blättern. Er hat außerdem einen lan**g**$_{7}$en Stiel mit vielen, kleinen Blüten."
Die Jungs haben schon etwas Neues aufgestöbert, einen *Rückenschwimmer*.

(12) „Ein fantastisches Wunderwerk der Natur!", flüstert Andreas. „Unglaublich, dass die Larven von Libellen im Wasser wachsen und später so tolle Flieger sind!", wispert Martina. Die *Libelle* schwebt gerade still in der Luft. So können sie die Flügelpaare und Facettenaugen unter der Lupe gut erkennen. Sie wissen, dass das blaue Insekt ein Männc**h**$_{3}$en ist. Die Weibchen schimmern nämlich grün. Plötzlich fliegt sie g**e**$_{13}$schwind davon.
Das macht aber nichts. Denn sie haben einen *Teichrohrsänger* entdeckt.

Male die Libelle auf der Lesespurlandkarte blau an. Zeichne daneben eine zweite weibliche Libelle. Male sie in der richtigen Farbe aus.

(13) Tatsächlich! Das ist der geschützte *Eisvogel*. Martina zückt lautlos ihren Fotoapparat. „Klick, klick, klick", macht es, als sie dreimal auf den Auslöser drückt. „Hurra!", jubeln die Kinder, „damit gewinnen wir bestimmt das Jahresabo des Natu**r**$_{4}$freunde-Hefts!"
Es ist inzwischen schon Abend geworden ist. Fröhlich schnappen sich die drei ihre Fahrräder und düsen nach Hause.
„Das war ein toller und lehrreicher Tag am Teich", erinnern sie sich, als sie daheim das Foto des Eisvogels per E-Mail an die Zeitschrift schicken.

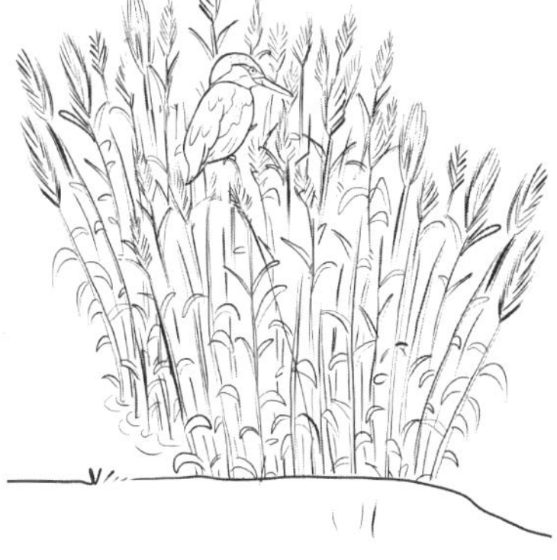

Wie nennt man es, wenn die großen Tiere die kleinen fressen? Trage die mit Nummern markierten Buchstaben in der richtigen Reihenfolge in die Kästchen am Ende ein.

(14) Nein, das ist eine *Spitzschlammschnecke*, wie du am Gehäuse gut erkennen kannst.

(15) Das ist ein dickbauchiger *Karpfen*. Er mag keine fließenden Gewässer, sondern lieber stehende Gewässer, wie z.B. Teiche und Seen. Sie sind nämlich meist etwas wärmer. Gern versteckt er sich zwischen den krautigen Ufergewächsen im flachen Bereich, wo er im Schlamm nach Insekten, Schnecken, Würmern und Pflanzenteilen wühlt.

(16) Genau. Hier angelt jemand. Martina ist neugierig. Sie fragt, ob man hier überhaupt angeln darf. Der junge Mann erklärt ihr: „Ja klar, ich habe extra letztes Jahr den Fischereischein gemacht und außerdem eine Erlaubnis für dieses Gewässer." Er erzählt auch, dass Fische sehr erschütterungsempfindlich sind: „Sie können die Schritte der Menschen am Ufer oft spüren." Um die Schuppentiere nicht zu vertreiben, schleichen die Kinder vorsichtig davon.
Als si**e**$_{10}$ mit Anlauf über den schmalen Bachlauf springen, sieht Andreas einen dunklen, torpedoförmigen Schatten unter sich. „Seht mal, eine *Bachforelle*!", ruft er.

(17) Die *Sumpfdotterblumen* sind auch gelb und sehr schön. Aber lies noch mal bei 5 nach, zu welcher Pflanze die Kinder wirklich wollen.

(18) Das ist ein *Wasserläufer*. Er ist so leicht, dass er auf der Wasseroberfläche laufen kann. Frösche lieben das Insekt als kleinen Leckerbissen.

(19) Die Blüten der *Sumpfschwertlilie* sehen wirklich sehr edel und beeindruckend aus. Häufig wurde früher eine gezeichnete Blüte in Familienwappen aufgenommen. Einige französische Könige und auch eine der reichsten deutschen Familien im Mittelalter, die Fugger aus Augsburg, haben sie in ihrem Wappen. Die Blüte sollte oft „Reichtum durch Handel" darstellen. Da die Blumen geschützt sind, dürfen die beiden Junge**n**$_{1}$ und das Mädchen leider keine für die Vase zuhause abschneiden. Aber fotografieren ist erlaubt. Martina testet sogleich ihre Kamera.
Auf einmal ruft Andreas: „Seht mal, da mitten auf dem Teich schwimmt noch eine Pflanze mit kleinen, gelben Blüten!" Mit dem Fernglas sehen sie sich das genauer an.

(20) Der *Graureiher* steht im flachen Uferbereich und lauert auf kleine Fische. Aufgrund seiner hauptsächlichen Nahrung wird er meist als Fischreiher bezeichnet. Er ist viel größer als ein Eisvogel. Hier bist du nicht richtig.

(21) Falsch! Das ist eine *Kaulquappe*. Aus ihr wird einmal ein grüner *Wasserfrosch* mit schwarzen Flecken, wie er gleich am Ufer auf einem der Steine sitzt. Er hat sich innerhalb von drei Monaten aus kleinen, schwarzen und schleimigen Eiern, dem Laich, entwickelt.

(22) Seerosen haben große Blüten. Gärtner haben sie in den verschiedensten Farben gezüchtet. Gehe zurück zur letzten richtigen Nummer.

(23) Nein, dieser Junge hat einen Kescher und eine Lupe in der Hand. Er beobachtet ebenso die Tier- und Pflanzenwelt am Teich. Du musst in die andere Richtung gehen.

(24) Mit seinem Kescher holt Andreas vorsichtig den *Rückenschwimmer* aus dem Wasser. „Ich muss bloß aufpassen, dass mich die sogenannte Wasserbiene nicht sticht!", denkt Andreas. Als das zu den Wanzen gehörende Insekt ruhig mit dem Ba**u**$_{5}$ch nach oben in der Becherlupe schwimmt, atmen alle auf. „Jetzt schwimmt er wie sein Name sagt auf dem Rücken!", lacht Martina.

Plötzlich er**s**$_{8}$tarren die drei Naturdetektive. Durch die Schilfhalme wenige Meter weiter vorne schimmert etwas Blau-oranges. „Ob das unser Eisvogel ist?", flüstert Andreas aufgeregt. Vorsichtig schleichen die drei Naturforscher näher.

(25) Falsch. Die *Ringelnatter* ist eine völlig harmlose Schlangenart. Sie sieht nicht wie ein Fisch aus, oder? Das unter Naturschutz stehende Tier ist leicht an den beiden halbmondförmigen gelben Nackenflecken zu erkennen. Es ernährt sich hauptsächlich von Amphibien.

(26) Die *Stockente* sieht einem Eisvogel nicht ähnlich!

(27) Die winzigen, grünen *Wasserlinsen* haben keine gelben Blüten.

(28) Zwischen den Gräsern und den auffälligen Rohrkolben könnte das Nest des Teichrohrsängers auch sein. Aber das Dunkle hier ist nur ein Stein. Suche beim Schilfrohr!

(29) Richtig. Der *Teichmolch* gehört zu den Lurchen. Man erkennt ihn am Rückenkamm und der schmalen Schwanzflosse. Er ist viel größer als eine Kaulquappe, aus der ein Frosch wird. Aber genauso wie die Frösche ist der Teichmolch eine *Amphibie*. Das heißt: Er lebt sowohl an Land, als auch im Wasser. Nach der Geburt im Wasser bilden sich die Kiemen langsam zurück und werden zu Lungen, mit denen Teichmolche an Land a**t**$_{12}$men können. Der Teichmolch ist allerdings sehr scheu und zieht sich bald zurück, weil ihm das Treiben am Steg zu viel wird.
Martina, Tobias und Andreas marschieren weiter und stoßen auf einen Angler.

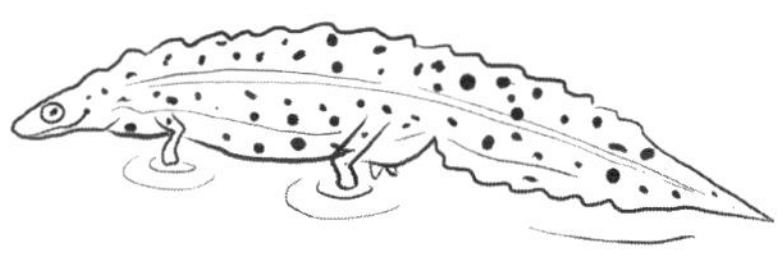

Mein Lösungswort:

___1,	___2,	___3,	___4,	___5,	___6,	___7,	___8,	___9,	___10,	___11,	___12,	___13

Meine Lesespur:

1, ___ , ___ , ___ , ___ , ___ , ___ , ___ , ___ , ___ , ___ , ___ , ___ , ___ .

Lösung „Auf Fotosafari am Teich“

Lesespur: 1, 8, 29, 16, 5, 19, 4, 12, 10, 6, 11, 24, 13.

Lösungswort:

N$_1$	A$_2$	H$_3$	R$_4$	U$_5$	N$_6$	G$_7$	S$_8$	K$_9$	E$_{10}$	T$_{11}$	T$_{12}$	E$_{13}$

Lesespurlandkarte „Auf Entdeckungsreise durch Deutschland“

Name: ______________________________ Datum: ______________

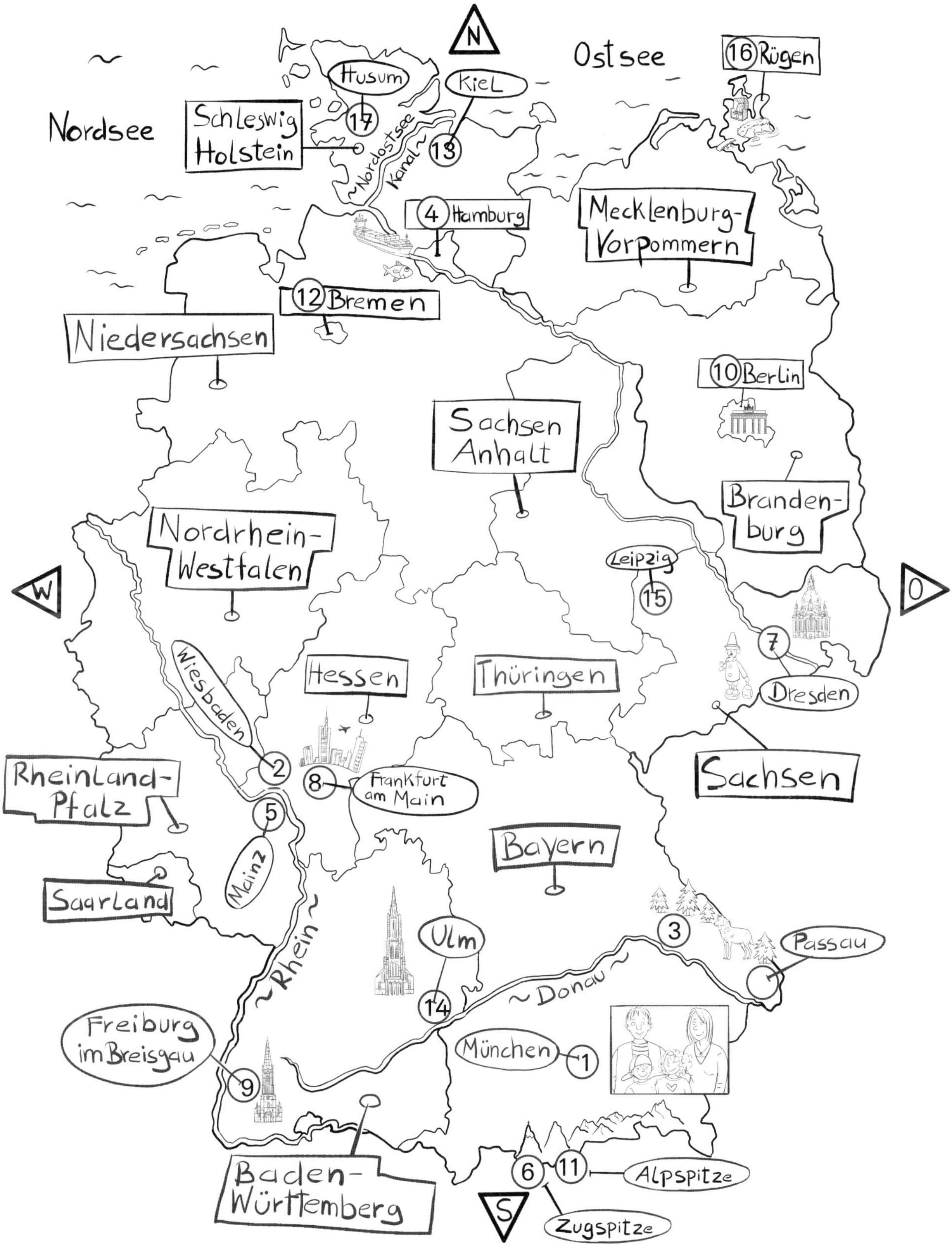

Name: ______________________________ Datum: ________________

Auf Entdeckungsreise durch Deutschland

Kurz vor den Sommerferien sitzt Familie Fischer beim Essen. „Wohin fahren wir dieses Jahr in den Urlaub?“, wollen die Zwillinge Max und Paula wissen. Die Mutter antwortet: „Wir machen eine Rundreise durch Deutschland.“

„Deutschland? Das kennen wir doch schon!“, mault Max. „Wie langweilig!“, motzt auch Paula.

Aber ihr Vater wiederspricht: „Da täuscht ihr euch! Damit die Reise noch spannender wird, werde ich euch vor jedem neuen Ziel ein Rätsel stellen. Mal sehen, ob ihr das Ziel damit immer schon im Voraus erratet!“

Werden Max und Paula alle Ziele auf ihrer Reise durch Deutschland erraten? Beginne bei der Nummer 1! Schreibe die weiteren Nummern deiner Lesespur am Ende der Geschichte auf.

(1) Am ersten Ferientag steigt Familie Fischer in München in den Zug. Sie verlassen die bayerische Landeshauptstadt in Richtung Süden. Nach einer Weile ruft Max: „Schaut mal! Auf den Bergen liegt sogar jetzt im Sommer Schnee!“ Herr Fischer lächelt und meint: „Genau. Unser erstes Ziel ist der höchste Berg Deutschlands in den Alpen.“

(2) Falsch. Wiesbaden hat neun Buchstaben, aber nur das „e“ gibt es zweimal.

(3) Im Nationalpark „Bayerischer Wald“ bestaunt Familie Fischer wunderschöne Christbaumkugeln in einer Glasbläserei. Auf ihren Wanderungen entdecken sie viele Pflanzen und Tiere. Ein Wolf lässt sich leider nicht blicken. „Ich hätte gar nicht gedacht, dass Deutschland so schön und spannend ist!“, ruft Max. „Dabei haben wir noch längst nicht alles gesehen!“, antwortet sein Vater. „Dann geht es in den nächsten großen Ferien weiter!“, lacht Frau Fischer.

(4) Die Familie steigt in Hamburg bei Wind und Regen aus dem Flugzeug. Zum Glück scheint später bei der Hafenrundfahrt schon wieder die Sonne. Die Containerschiffe und den Fischmarkt finden die Zwillinge spannend.
Am Abend besteigen sie ein großes Fährschiff. Ihr Vater ruft: „Schiff ahoi! Die Fähre bringt uns auf der Elbe und über den Nord-Ostsee-Kanal bis zur Hauptstadt Schleswig-Holsteins. Sie liegt an der Ostsee und reimt sich auf das Wort ‚Stiel‘.“

5 In Mainz, der Hauptstadt von Rheinland-Pfalz, verkleiden sich die Menschen gern im Fasching. Jedes Jahr gibt es einen großen Rosenmontagsumzug. Davon ist jetzt im Sommer nichts zu sehen. Stattdessen besucht die Familie das Gutenberg-Museum. Paula und Max erfahren dort einiges über den Erfinder des Buchdrucks und probieren vieles selbst aus. Das macht Spaß!
Abends verkündet Papa das nächste Ziel der Reise: „Wir fahren in die größte Stadt Hessens. Ihr Name hat neun Buchstaben, zwei davon kommen doppelt vor."

6 Familie Fischer erreicht den Gipfel der Zugspitze auf 2962 m. Alle sind begeistert: „Juhu, Schnee mitten im August!" Lachend machen sie eine Schneeballschlacht. Am Abend stellt der Vater das erste Rätsel: „Morgen seht ihr den höchsten Kirchturm der Welt." „Cool!", ruft Max, „wo steht der?" „Er steht in Baden-Württemberg, in einer Stadt an der Grenze Bayerns", verrät Papa.

7 Dresden ist das vorletzte Ziel der Reise. Familie Fischer besichtigt die berühmte Frauenkirche. Außerdem machen sie eine Dampferfahrt auf der Elbe und kaufen ein Räuchermännchen aus dem Erzgebirge.
Herr Fischer kündigt an: „Nach den vielen Städten wollen wir noch ein bisschen Natur in einem Nationalpark erleben. Dort soll es sogar freilebende Wölfe geben! Er liegt im Osten von Bayern, in der Nähe der Stadt Passau."

8 In Frankfurt staunen die Fischers über die modernen Hochhäuser. Nach einem Spaziergang am Fluss Main fahren sie an den Flughafen. Hier hat Herr Fischer eine Überraschung für seine Familie:
„Von hier aus fliegen wir mit dem Flugzeug weiter in ein kleines Bundesland im Norden. Es ist ein Stadtstaat mit dem Autokennzeichen ‚HH'."

9 Freiburg hat auch ein Münster, aber es hat nicht den höchsten Turm der Welt. Gehe zurück zur letzten Nummer und lies noch mal genau nach.

10 In Berlin besichtigen die Fischers das Brandenburger Tor, den Zoo und das Regierungsviertel. Dort meint Frau Fischer: „Jetzt wisst ihr, wo viele Politiker aus den Nachrichten oft arbeiten." Schon nach zwei Tagen verlässt die Familie Berlin in Richtung Süden. Max fragt: „Wo geht es jetzt hin?"
„Als Nächstes sehen wir uns die Landeshauptstadt von Sachsen an. Sie liegt am Fluss Elbe, im Osten des Bundeslandes", antwortet Herr Fischer.

11 Die Alpspitze liegt ganz in der Nähe des höchsten Bergs, ist aber niedriger.

12 Bremen ist auch ein Stadtstaat. Aber Familie Fischer reist in einen Stadtstaat noch weiter im Norden. Er trägt eine Burg im Namen.

⑬ Am Hafen in Kiel aus bewundern Max und Paula die Segelschiffe. „Ich würde auch gern einmal mit einem Segelschiff übers Meer reisen“, träumt Paula. Frau Fischer antwortet mit dem nächsten Rätsel: „Wir auch! Wir fahren von Kiel aus mit einem Segelschiff über die Ostsee zur größten Insel Deutschlands. Sie liegt vor der Küste von Mecklenburg-Vorpommern.“

⑭ Als Max und Paula in Ulm aussteigen, sehen sie gleich den hohen Kirchturm des Ulmer Münsters. Ihre Mutter liest aus dem Reiseführer vor: „Das Münster besitzt nicht nur den höchsten Kirchturm. Es ist auch die größte evangelische Kirche in Deutschland. Ein doppelter Rekord also!“
Als die Familie im Zug sitzt, kommt das nächste Rätsel: „Wir fahren nach Nordwesten in die Hauptstadt von Rheinland-Pfalz. Sie liegt am Fluss Rhein.“

Male den Fluss Rhein auf der Karte blau an.

⑮ Die Stadt Leipzig ist auch einen Besuch wert. Aber sie liegt ganz im Westen von Sachsen. Lies noch einmal genau bei Nummer 10 nach, wohin Familie Fischer reist.

⑯ Die Insel Rügen im Norden von Mecklenburg-Vorpommern lockt jedes Jahr viele Urlauber an. Auch Familie Fischer erholt sich hier ein paar Tage: Sie besichtigen die Kreidefelsen, baden in der Ostsee und faulenzen im Strandkorb. Den nächsten Hinweis erraten die Zwillinge sofort: „Die deutsche Hauptstadt ist ein eigener Stadtstaat mitten im Bundesland Brandenburg.“

⑰ Das ist die falsche Meeresküste. Husum liegt an der Nordsee. Lies noch einmal genau die Nummer 4.

Meine Lesespur:

1, ____ , ____ , ____ , ____ , ____ , ____ , ____ , ____ , ____ , ____ , ____ .

Name: ______________________________ Datum: ________________

Auf Entdeckungsreise durch Deutschland

Es ist kurz vor den Sommerferien und Familie Fischer sitzt gemütlich beim Abendessen. „Wohin fahren wir dieses Jahr eigentlich in den Urlaub?“, will der 9-jährige Max wissen. „Ja, ihr tut immer so geheimnisvoll“, meint seine Zwillingsschwester Paula und schaut ihre Eltern erwartungsvoll an. Herr und Frau Fischer lächeln sich zu und der Vater erklärt: „Für diesen Urlaub haben wir uns etwas ganz Besonderes vorgenommen.“ „Amerika?“, fragt Max aufgeregt. „Nein, lieber Australien!“, ruft Paula dazwischen.

„**N**[1]ein“, lacht Frau Fischer, „wir haben eine Rundreise durch Deutschland geplant.“

„Deutschland? Das kennen wir doch schon!“, mault Max. „Wie langweilig!“, motzt auch Paula.

Ihr Vater antwortet: „Wir werden euch beweisen, dass ihr bisher nur ein winziges Stückchen dieses schönen Landes kennt. Damit die Reise noch spannender wird, werde ich euch vor jedem neuen Ziel ein Rätsel stellen. Mal sehen, ob ihr das Ziel damit immer schon im Voraus erraten könnt!“

Begleite Familie Fischer auf ihrer Reise. Beginne bei der Nummer 1! Schreibe die weiteren Nummern deiner Lesespur am Ende der Geschichte auf.

(1) Gleich am ersten Ferienwochenende steigt Familie Fischer früh am Morgen in ihrer Heimatstadt München in den Zug. Sie verlassen die bayerische Landeshauptstadt in Richtung Süden. Die Kinder Max und Paula sind immer noch nicht begeistert. „Schaut doch mal aus dem Fenster!“, fordert ihr Vater sie auf. „Man sieht schon die ersten Berge der Alpen!“, ruft Max. Herr Fischer lächelt und meint: „Genau. In etwa einer Stunde erreichen wir Garmisch-Partenkirchen, von wo aus wir mit der Seilbahn auf den höchsten Berg Deutschlands fahren wollen. Der Name des Berges ist ein zusammengesetztes Nomen. Das erste Wort ist ein Schienenfahrzeug.“

(2) Wiesbaden ist die Hauptstadt des Bundeslandes Hessen. Frankfurt am Main ist aber wesentlich größer.

(3) Der Nationalpark „Bayerischer Wald“ hat ebe**n**[18]falls viel zu bieten. Die Fischers besuchen beispielsweise eine Glasbläserei, in der wunderschöne Christbaumkugeln und ausgefallene Trinkgläser hergestellt werden. Auf ihren Spaziergängen entdecken sie zwar interessante Pflanzen und Tiere, aber ein Wolf lässt sich leider nicht blicken.
„Ich hätte gar nicht gedacht, dass Deutschland so schön und abwechslungsreich ist“, meint Max. „Tja, und dabei haben wir noch längst nicht alles gesehen“, antwortet sein Vater. „Den Rest nehmen wir uns einfach in den nächsten großen Ferien vor!“

Wenn du die nummerierten Buchstaben richtig einsetzt, erhältst du den Namen eines Bundeslandes, das Familie Fischer nicht besucht hat, in dem aber die meisten Einwohner leben.

Lösungswort:

1	2	3	4	5	6	7	8	9	-	10	11	12	13	14	15	16	17	18

(4) Der Flug dauert nicht einmal eine Stunde. Als Familie Fischer in Hamburg aus der kleinen Maschi**n**[9]e steigt, weht ein kräftiger **W**[10]ind und es sieht ein bisschen nach Regen aus. Trotzdem machen sich die vier auf zum Hamburger Hafen. Dort gibt es riesige Containerschiffe zu sehen. Nach einer Hafenrundfahrt und einem Besuch auf dem Fischmarkt besteigt Familie Fischer ein großes Fährschiff. Der Vater ruft: „Schiff ahoi. Wie die großen Frachter fahren wir auf der Elbe in Richtung Nordsee. Wenn wir das offene Meer schon fast erreicht haben, biegen wir jedoch in den Nord-Ostsee-Kanal ab. Unser nächstes Ziel ist die Hauptstadt von Schleswig-Holstein an der Ostseeküste."

(5) In Mainz, der Hauptstadt von Rheinland-Pfalz, verkleiden sich die Menschen gern. Sie feiern mit Begeiste**r**[5]ung Fasching und bereiten jedes Jahr einen großen Rosenmontagsumzug vor, der auch im Fernsehen übertragen wird. Davon ist jetzt im Sommer natürlich nichts zu sehen. Aber der Familie gefällt das Gutenberg-Museum, in dem sie einiges über den Erfinder des Buchdrucks erfahren und vieles selbst ausprobieren.

Male ein lustiges Clownsgesicht neben die Stadt Mainz.

Der Familienvater stellt das nächste Rätsel: „Von Mainz aus geht die Reise weiter in die größte Stadt Hessens. Viele Menschen denken, dass sie auc**h**[6] die Hauptstadt von Hessen ist. Das stimmt aber nicht!"

(6) Bei herrlichem Wetter erreicht Familie Fischer den Gipfel der Zugspitze auf 2962 m. Jetzt sind Max und Paula doch beeindruckt von der wunderschönen Aussicht. „Juju, Schnee mitten im August!" Lachend beginnen die beiden Kinder, ihre Eltern mit Schneebällen zu bewerfen.
D**o**[2]ch nach einer Weile drängt ihr Vater schon wieder zum Aufbruch. „Nach dem höchsten Berg besteigen wir morgen auch noch den höchsten Kirchturm der Welt." „Cool!", ruft Max, „und wo steht der?" „Das verrate ich noch nicht!", lacht Herr Fischer. „Ihr bekommt nur zwei Hinweise: Wir müssen Bayern verlassen und reisen in das Bundesland, das westlich von uns liegt. Die Stadt, die ich meine, liegt am Rande eines Mittelgebirges und ganz nahe an der bayerischen Landesgrenze."

(7) Dresden ist die vorletzte Station von Familie Fischer. Auch hier gibt es viel zu entdecken. Zum Beispiel die Frauenkirche, die im 2. Weltkrieg völlig zerstört wurde und in jahrelanger Arbeit wieder neu aufgebaut wurde. Auch eine Wanderung im wunderschönen Elbsandsteingebirge steht noch auf dem Programm. Als Andenken kauft Familie Fischer sich für die Weihnachtszeit ein Räuchermännchen aus dem Erzgebirge.
„Unser letztes Ziel liegt schon wieder in unserem Heimatbundesland Bayern. Nach den vie**l**[16]en Städten auf unserer Reise wollen wir noch ein bisschen Ruhe und Natur genießen. Auf in einen Nationalpark, in dem es sogar noch freil**e**[17]bende Wölfe geben soll und der ganz in der Nähe der Stadt Passau liegt!", kündigt Herr Fischer an.

(8) In Frankfurt staunen die Fischers über die vielen Hochhäuser. „So ähnlich stell**e**[7] ich mir New York vor", sagt Max. Nach einem Spaziergang am Main fahren sie weiter an den Frankfurter Flughafen. „Es ist der drittgrößte Flughafen in Europa, wenn man die Anzahl der Passagiere zählt. Ungefähr 60 Millionen Menschen reisen von dort aus jährlich in die ganze Welt", erzählt das Familienoberhaupt.
„Überraschung! Wir fl**i**[8]egen von hier aus weiter! Und zwar in den nördlichsten Stadtstaat Deutschlands. Er liegt an einem großen Fluss."

Lösung „Auf Entdeckungsreise durch Deutschland“

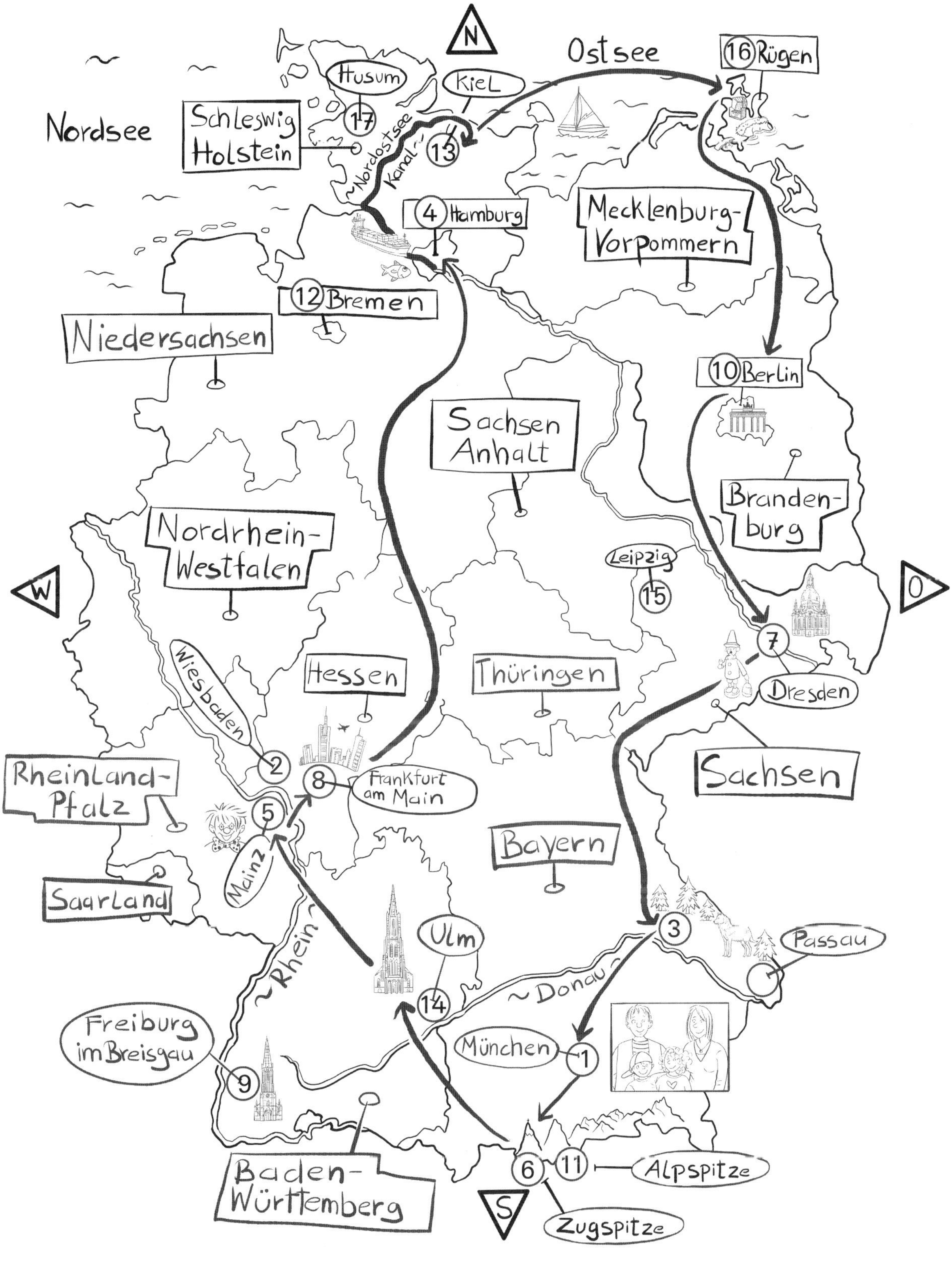

Lesespur: 1, 6, 14, 5, 8, 4, 13, 16, 10, 7, 3.

Rechnung Nr. (14): Der Kirchturm des Ulmer Münsters ist etwa **162 m** hoch.

Lösungswort:

N_1	O_2	R_3	D_4	R_5	H_6	E_7	I_8	N_9	-	W_{10}	E_{11}	S_{12}	T_{13}	F_{14}	A_{15}	L_{16}	E_{17}	N_{18}

Lesespurlandkarte „Mit der Karte auf Schatzsuche“

Name: ______________________________ Datum: ____________________

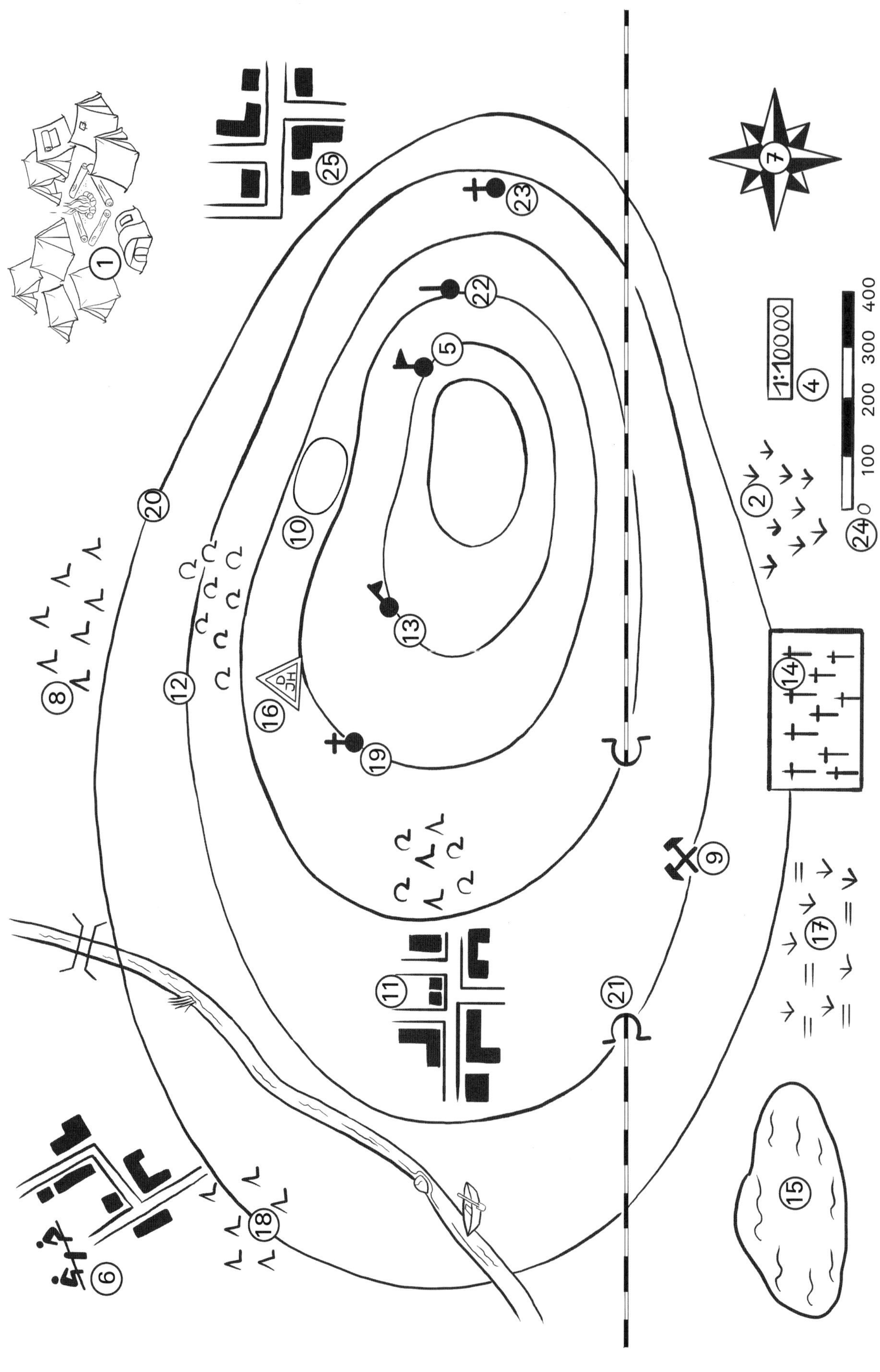

Legende „Mit der Karte auf Schatzsuche“

Name: ______________________________ Datum: ____________________

 Turm	 Schloss	 Burgruine
 Kloster, Kirche	 See	 Wiese
 Fluss	 Brücke	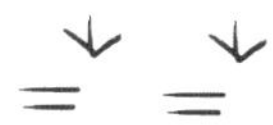 Sumpf, Moor
 Zeltplatz	 Jugendherberge	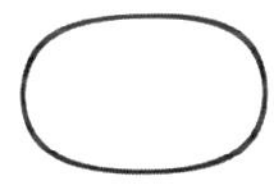 Sportplatz, Stadion
 Eisenbahnstrecke mit Tunnel	 Bergwerk	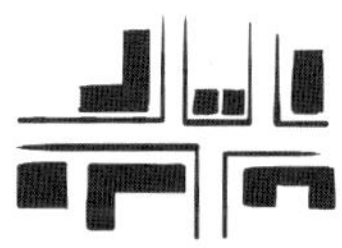 Dorf, Stadt
 Laubwald	 Nadelwald	 Mischwald
 Friedhof	 Spielplatz	Maßstab 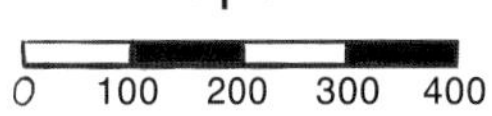 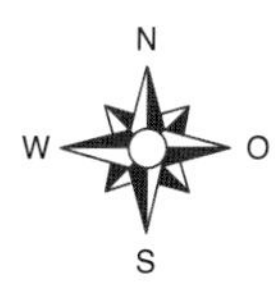 Kompassrose

Name: ________________________________ Datum: ________________

Mit der Karte auf Schatzsuche

Ina, Mehmet und Bastian sind auf dem Weg zum Lagerfeuer des Zeltlagers. Ina meint: „Schade, heute ist schon der letzte Tag. Wir müssen unbedingt die Schatzsuche gewinnen!" „Ha, dieses Jahr werden wir die Schatzkarte am schnellsten lesen!" Bastian klatscht ehrgeizig in die Hände. „Letztes Jahr hat Team Tiger nur gewonnen, weil das Mädchen in der Gruppe so gut Karten lesen konnte! Aber diesmal sind wir besser! Ich habe im Unterricht prima aufgepasst." Siegessicher nicken ihm seine zwei Freunde zu.

Werden die drei Freunde die Schatzsuche gewinnen? Beginne bei 1 mit dem Lesen. Schreibe die weiteren Nummern deiner Lesespur am Ende der Geschichte auf.

(1) Am Lagerfeuer grüßen Ina, Mehmet und Bastian die anderen Teams. Der Zeltlagerleiter Herr Graf beginnt sofort: „Sucht dieses Jahr den Schatz auf dem Raubberg! Hier sind eure Karten. Die Anzahl der Kinder im Zeltlager ist die erste Nummer. Ich gebe euch noch einen Tipp: Ihr seid insgesamt acht Teams mit drei Kindern."

(2) „So etwas Blödes, das ist eine Wiese", ärgern sich die drei Schatzsucher. Lies noch einmal bei der letzten richtigen Nummer nach.

(3) Ok, die drei haben einen Eisenbahntunnel auf der Karte entdeckt. Aber leider liegt der auf der dritten Höhenlinie des Bergs. Das ist das Ende des Tunnels. Gehe zurück zu Nummer 17 und lies ganz genau nach, auf welcher Höhenlinie der richtige Tunnel liegen soll.

(4) Richtig, Bastian, Mehmet und Ina haben den Maßstab schnell umgerechnet. Herr Graf geht am Lagerfeuer umher und flüstert ihnen den nächsten Hinweis zu: „Beginnt eure Suche beim Friedhof ganz im Süden der Karte. Los geht's!" „Ich habe ihn schon entdeckt!", wispert Ina. „Beeilt euch!"

(5) Super, die Schatzsucher sind auf der richtigen Höhenlinie bei einem alten, gepflegten Schloss angekommen. „Hier ist der nächste Hinweis!", ruft Mehmet: *Eine Höhenlinie weiter unten am Flachhang des Berges liegt eine kleine Kapelle mit einem Altar im Osten.*

(6) Zwischen dem Schloss und dem Dorf am Flachhang fließt ein Fluss. Die Kinder überqueren eine Brücke.

Zeichne die Brücke mit dem richtigen Symbol in die Karte.

Am Spielplatz im Dorf finden Bastian, Mehmet und Ina den Hinweis: „Geht nach Osten, bis an den Fuß des Raubbergs zu einem Nadelwald“, liest Mehmet vor.

(7) Leider falsch umgerechnet. Das ist eine Kompassrose. Sie zeigt die Himmelsrichtungen auf der Karte an.
Gehe zurück zu Nummer 24 und rechne noch einmal. Ein Zentimeter auf der Karte sind 10 000 cm in der Wirklichkeit. Rechne 10 000 Zentimeter richtig in Meter um. Tipp: 100 cm = 1 m.

(8) Sehr gut, Bastians Team steht nun direkt am Nadelwald. An einem Baum hängt der nächste Zettel. „Igitt, warum wachsen hier so viele Moose und Flechten?“, fragt Ina. „Na, an der Westseite wachsen die immer am meisten. Wind und Wetter kommen eben oft von Westen“, antwortet Bastian.
Und schon liest er den Hinweis vor:
Einer der beiden Querschnitte gehört zum Raubberg. Die richtige Ziffer daneben sagt euch, wo eure Schatzsuche weitergeht.
Tipps: Wo liegt der Steilhang und der Flachhang? Auch die Lage des Gipfels hilft euch. Unser Berg hat nur einen Gipfel.“

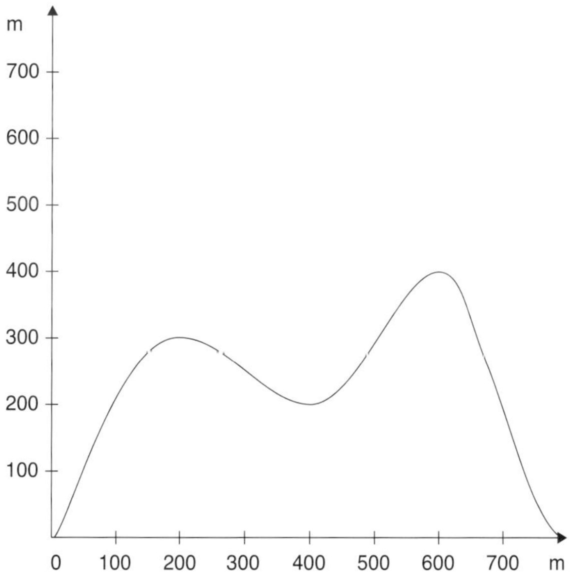

(12)

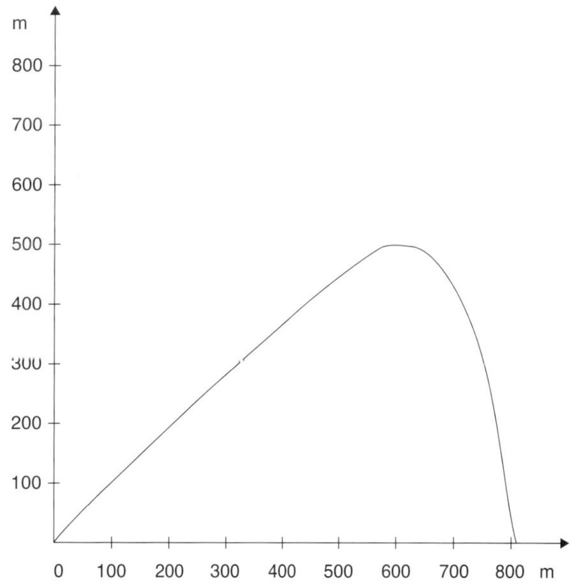

(20)

(9) Das ist die zweite Höhenlinie des Bergs. Aber das ist der Zugang zum Bergwerk. Sieh noch mal genau auf die Karte. Suche den Eisenbahntunnel.

(10) Als Bastian, Mehmet und Ina dem Gebäude näherkommen, wird das Geräusch immer lauter. „Na klar, heute ist das Fußballspiel der beiden Spitzenmannschaften! Wir hören die Fans im Stadion singen!“, ruft Mehmet. Plötzlich sehen sie auch Herrn Graf. Er wartet schon auf sie und ruft: „Herzlichen Glückwunsch! Ihr habt gewonnen! Den Schatz habe ich hier!“ Herr Graf winkt mit drei Karten für das Spiel: „Ihr könnt direkt zur Ehrentribüne gehen.“ Bastian und sein Team können es kaum glauben. Sie bedanken sich und stürmen ins Stadion.

(11) Oje, leider falsch. Dieses Dorf liegt hinter einem Mischwald, aber nicht hinter einem Fluss. Lies noch einmal genau bei Nummer 19 nach.

(12) Leider falsch. Lies noch einmal genau die Nummer 8.

(13) Die Kinder sind an einer Burgruine angelangt. „Hier finden wir keinen Hinweis. Los, weiter zum Schloss auf der dritten Höhenlinie!“, ruft Bastian.

(14) „Da ist ja schon der Friedhof! Mit Kartenzeichen kennen wir uns aus!“, rufen Bastian und Ina. „Und wir sind auch richtig im Süden“, fügt Mehmet hinzu.
Trage auf der Kompassrose die vier Himmelsrichtungen ein.
Am Friedhofstor flattert ein Zettel: *Geht nun nach Westen zum Moorgebiet.*

(15) Du hast dich geirrt. Jetzt bist du im See ganz schön baden gegangen!

(16) Die Stimmen und Rufe könnten auch von der Jugendherberge stammen. Sie liegt aber in der falschen Richtung im Südwesten. Lies noch einmal genau bei Nummer 20 nach, wo das Ziel liegt.

(17) Richtig, das war der Weg nach Westen zur Moorlandschaft.
Am Wegrand finden sie den nächsten Hinweis: *Durchquert das Moor ohne den Weg zu verlassen! Geht dann zum Eisenbahntunnel, der auf der zweiten Höhenlinie des Raubberges liegt!* „Los, wir müssen weiter! Team Tiger ist uns schon dicht auf den Fersen!“, stellt Ina erschrocken fest.

(18) Du hast noch Schwierigkeiten mit den Himmelsrichtungen. Dieser Merkspruch wird dir helfen: **N**ie **o**hne **S**eife **w**aschen!

(19) Sehr gut, die Kinder stehen in der Kapelle vor dem Altar. Ina sagt: „Der Altar zeigt nach Osten zur aufgehenden Sonne. Erinnert ihr euch an den Merkspruch zur Sonne? Im Osten geht die Sonne auf, nach Süden nimmt sie ihren Lauf, im Westen wird sie untergehen, im Norden ist sie nie zu sehen.“

„Ja, klar. Hilf uns lieber mal beim nächsten Hinweis!“, rufen die beiden Jungen: *In einem kleinen Dorf, das hinter einem Fluss liegt, geht eure Suche weiter. Am Spielplatz findet ihr den nächsten Hinweis.*

(20) *Wunderbar, dieser Querschnitt passt zum Raubberg. Folgt nun dem Geräusch zum Ziel zwei Höhenlinien weiter im Süden.* So lautet der nächste Hinweis.
„Psst, hört ihr das auch?“, meint Mehmet. „Hoffentlich ist das nicht Team Tiger!“, befürchtet Bastian. „Kommt, beeilt euch! Wir müssen zu dem ovalen Symbol auf der Karte! Den Sieg lassen wir uns dieses Mal nicht nehmen, Jungs!“, ruft Ina.

(21) Klasse! Vor Bastian, Mehmet und Ina liegt der Eingang zum Eisenbahntunnel. Der Hinweis sagt:
Besucht das Schloss drei Höhenlinien weiter oben am Berg!
„Hey, mit Höhenlinien kennen wir uns aus!“ ruft Ina. Bastian stöhnt: „Puh, so weit den Berg hinauf. Das wird anstrengend!“

(22) Leider nicht richtig. Hier ist der Steilhang des Bergs. Hier steht ein Turm, keine Kapelle. Sieh die Kartensymbole noch einmal genau an.

(23) Zu dieser Kirche gehört leider kein Friedhof. Suche einen richtigen Friedhof im Süden der Karte. Achte auf die Kartensymbole.

(24) Ina hat die richtige Nummer 24 gefunden: „Da steht der Maßstab für die Karte: 1:10 000. Was bedeutet das nochmal? Achja. Wir müssen umrechnen. Wie viel ist ein Zentimeter auf der Karte in Wirklichkeit in Metern.

Rechne den Maßstab um: 1 cm = ______ m in Echt.

(4) „Ein Zentimeter auf der Karte sind 100 m in der Wirklichkeit."

(7) „Ein Zentimeter auf der Karte sind 1000 m in der Wirklichkeit."

(25) Das ist das falsche Dorf. Lies bei der letzten richtigen Nummer nach.

Meine Lesespur:

1, ______ , ______ , ______ , ______ , ______ , ______ , ______ , ______ , ______ , ______ , ______ .

Name: ______________________________ Datum: ______________

Mit der Karte auf Schatzsuche

Ina, Mehmet und Bastian sind auf dem Weg zum Lagerfeuer in der Mitte des Zeltlagers. Ina meint: „Schade, dass heute schon der letzte Tag ist. Wir müssen unbedingt das letzte Spiel gewinnen!“ „Ha, dieses Jahr werden wir die Schatzkarte am schnellsten lesen können und im ganzen Zeltlager gefeiert werden!“ Bastian klatscht ehrgeizig in seine Hände. „Letztes Jahr hat Team Tiger nur gewonnen, weil sie dieses Mädchen bei sich in der Gruppe hatten. Die kannte sich wirklich gut mit dem Kartenlesen aus. Ich habe mich so geärgert. Aber heuer geht der Sieg an uns, Leute!“ Ebenfalls siegessicher nicken Mehmet und Ina, seine beiden Teammitglieder.

Wenn du wissen willst, ob die drei Freunde gewinnen, beginne bei 1 mit dem Lesen. Schreibe die weiteren Nummern deiner Lesespur am Ende der Geschichte auf.

(1) Am Lagerfeuer angekommen grüßen Ina, Bastian und Mehmet die übrigen Dreierteams. Der Zeltlagerleiter Herrn Graf beginnt sofort die Schatzsuche: „Ihr müsst auf dem Raubberg den diesjährigen Schatz finden! Hier sind eure Karten. Die Anzahl der Kinder im Zeltlager ist die Nummer, bei der es weitergeht. Ich gebe euch noch einen Tipp: Ihr seid insgesamt acht Teams mit drei Kindern.“

(2) „So etwas Blödes, das ist eine Wiese. Von einem Moor ist hier weit und breit nichts zu sehen!“, ärgern sich die drei Schatzsucher. Lies noch einmal bei der letzten richtigen Nummer nach.

(3) Die drei haben einen Eisenbahntunnel auf der Karte entdeckt. Leider befinden sie sich bereits auf der dritten Höhenlinie des Raubbergs. Suche das Ende des Tunnels auf der zweiten Höhenlinie.

(4) Bastian, Mehmet und Ina beherrschen das Umrechnen des Maßstabs perfekt. Herr Graf, der am Lagerfeuer umhergeht, flüstert ihnen schnell den nächsten Hinweis zu: „Beginnt eure Suche nach dem Schatz beim Friedhof, der ganz im Süden der Karte liegt. Und los geht‘s!“ „Ich habe ihn schon auf der Karte entdeckt!“, wispert Ina. „Kommt, beeilt euch!“

(5) Super, die Schatzsucher sind auf der richtigen Höhenlinie angekommen. Vor ihnen befindet sich ein gut erhaltenes Schloss.
„Hier in der Mauer steckt der nächste Hinweis!“, ruft Mehmet: *Dort geht es weiter: Eine Höhenlinie weiter unten am Flachhang des Berges liegt eine kleine Kapelle mit einem Altar im Osten.*

(6) Um über den Fluss zu kommen, der zwischen dem Schloss und dem Dorf am Flachhang liegt, müssen die drei Schatzsucher über eine Brücke gehen.

Zeichne die Brücke auf der Karte mit dem richtigen Symbol ein.

Am Spielplatz finden Bastian, Mehmet und Ina sofort den Hinweis. „Er schickt uns nach Osten, bis wir am Fuß des Raubbergs zu einem Nadelwald gelangen“, liest Mehmet vor und sucht schon einmal auf der Karte.

7 Leider falsch umgerechnet. Das ist eine Kompassrose. Sie zeigt die Himmelsrichtungen auf der Karte an. Gehe zurück zu Nummer 24 und rechne noch einmal. 1 cm auf der Karte entspricht 10 000 cm in der Wirklichkeit. Rechne die 10 000 cm richtig in Meter um. Vielleicht hilft es dir, dass 100 Zentimeter 1 Meter sind.

8 Bravo! Bastians Team steht nun direkt am Rande des Nadelwalds. An der Westseite eines Baums hängt der nächste Zettel. „Igitt, warum wachsen hier so viel Moos und Flechten?“, fragt Ina. „Na, an der Westseite wachsen die immer mehr, da Wind und nasses Wetter eben meist von Westen kommen“, antwortet Bastian.
Und schon liest er den Hinweis vor:

Einer der beiden Querschnitte gehört zum Raubberg. Die richtige Ziffer daneben sagt euch, wo eure Schatzsuche weitergeht.
Tipps: Wo liegt der Steil- und der Flachhang? Auch die Lage des Gipfels hilft dir. Unser Berg hat nur einen Gipfel.

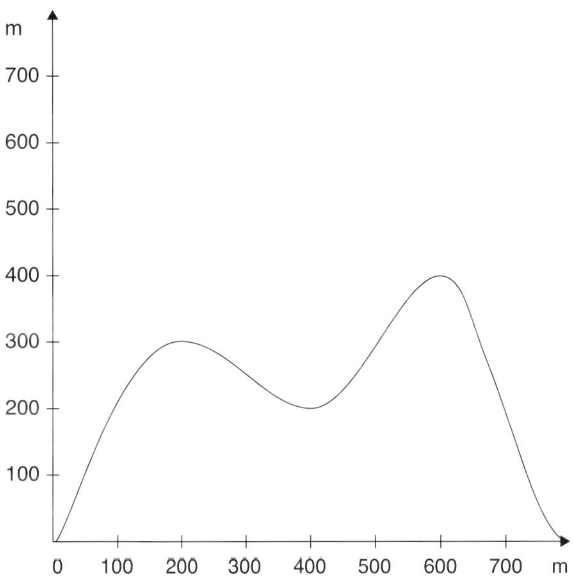

12

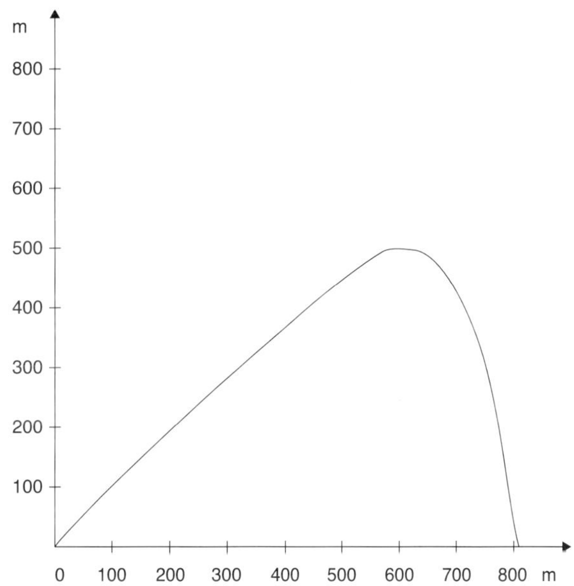

20

9 Die Schatzsucher sind zwar auf der zweiten Höhenlinie des Bergs angelangt, aber das ist der Zugang zum Bergwerk. Eine Eisenbahnstrecke finden sie hier nicht. Sieh noch mal genau auf die Karte und suche den Eisenbahntunnel.

10 Als Bastian, Mehmet und Ina dem ovalen Kartensymbol, einem großen Gebäude, näherkommen, wird ihnen einiges klar: „Juhu, heute ist das Fußballspiel der beiden Spitzenmannschaften! Wir hören die Fans im Stadion singen!“, ruft Mehmet.
Plötzlich sehen sie auch Herrn Graf und rennen ihm entgegen. Er wartet schon auf sie und ruft: „Herzlichen Glückwunsch! Ihr seid die Ersten und habt gewonnen! Den Schatz habe ich hier!“ Herr Graf winkt mit drei Karten für das Spiel: „Ihr könnt direkt zur Ehrentribüne gehen.“ Bastian und sein Team können es kaum glauben. Sie bedanken sich hastig und stürmen jubelnd zu ihren Sitzplätzen.

11 Oje, leider falsch. Dieses Dorf liegt hinter einem Mischwald, aber nicht hinter einem Fluss. Lies noch einmal genau bei Nummer 19 nach.

(12) Leider falsch. Betrachte noch einmal genau die Höhenlinien bei Nummer 8. Sie helfen dir dabei, den Querschnitt richtig zuzuordnen. Beachte bei deinen Überlegungen den Steil- und den Flachhang. Auch die Lage des Gipfels hilft dir.

(13) Der Schatz, den Bastian, Mehmet und Ina suchen, ist hier nicht zu finden. Das Team steht an einer verfallenen Burgruine. „Hier finden wir keinen Hinweis. Los, weiter zum nächsten Schloss auf der dritten Höhenlinie!", treibt Bastian die anderen beiden an.

(14) „Da ist ja schon der Friedhof! Mit Kartenzeichen kennen wir uns aus!", rufen Bastian und Ina stolz. „Und wir sind auch richtig im Süden", fügt Mehmet hinzu.

Trage auf der Kompassrose die vier Himmelsrichtungen ein.

Am Friedhofstor flattert ein Zettel mit dem nächsten Hinweis: *Geht nun nach Westen zum Moorgebiet.*

(15) Oh, du hast dich geirrt. Jetzt bist du aber im See ganz schön baden gegangen.

(16) Die Stimmen und Rufe könnten auch von der Jugendherberge stammen. Sie liegt aber in der falschen Richtung im Südwesten. Lies noch einmal genau bei Nummer 20 nach, wo das Ziel liegt.

(17) Richtig, das war der Weg nach Westen zur Moorlandschaft. Am Wegrand vor dem Moor finden sie den nächsten Hinweis: *Durchquert das Moor ohne den Weg zu verlassen! Geht dann zum Eisenbahntunnel, der auf der zweiten Höhenlinie des Raubbergs liegt!* „Das ist wirklich spannend, Leute!", ruft Bastian den beiden anderen freudig zu. „Los, wir müssen weiter! Team Tiger ist uns schon dicht auf den Fersen!", stellt Ina erschrocken fest.

(18) Du hast noch Schwierigkeiten mit den Himmelsrichtungen. Folgender Merkspruch wird dir helfen: **N**ie **o**hne **S**eife **w**aschen!

(19) Sehr gut, die Kinder stehen am Flachhang in der Kapelle vor dem Altar. Ina sagt: „Der Altar zeigt in allen Kirchen nach Osten zur aufgehenden Sonne. Erinnert ihr euch an den Merkspruch zur Sonne? Im Osten geht die Sonne auf, nach Süden nimmt sie ihren Lauf, im Westen wird sie untergehen, im Norden ist sie nie zu sehen."

Trage an der Kompassrose neben die Himmelsrichtungen ein, wann die Sonne dort scheint.

„Ja, klar. Hilf uns lieber mal den nächsten Hinweis zu verstehen!", rufen die beiden Jungen: *In einem kleinen Dorf, das hinter einem Fluss liegt, geht eure Suche weiter. Am Spielplatz findet ihr den nächsten Hinweis.*

(20) *Wunderbar, dieser Querschnitt passt zum Raubberg. Folgt nun dem Geräusch zum Ziel zwei Höhenlinien weiter im Süden.* So lautet der nächste Hinweis. „Psst, seid mal leise! Hört ihr das auch?", fragt Mehmet. „Oje, im ersten Moment befürchtete ich schon, ich würde Team Tiger hören! Aber ich denke, dass das laute Geräusch von dem ovalen Kartensymbol zwei Höhenlinien weiter im Süden kommt. Kommt, beeilt euch! Den Sieg lassen wir uns dieses Mal nicht nehmen, Jungs!", feuert Ina an.

(21) Klasse! Vor Bastian, Mehmet und Ina befindet sich der Eisenbahntunnel.
Auch das nächste Ziel dürfte kein Problem für die Kinder sein.
Der nächste Hinweis lautet: *Besucht das gut erhaltene Schloss drei Höhenlinien weiter oben am Berg!* „Hey, mit Höhenlinien kennen wir uns aus. Das ist leicht!" ruft Ina. „Puh, so weit den Berg hinauf", stöhnt Bastian, „das wird anstrengend!"

(22) Der Turm befindet sich zwar eine Höhenlinie unterhalb des Schlosses, jedoch am Steilhang des Berges. In einem Turm findest du auch keinen Altar. Siehe dir die Kartensymbole noch einmal genau an

(23) Zu dieser Kirche gehört leider kein Friedhof. Suche einen richtigen Friedhof im Süden der Karte. Achte auf die Kartensymbole.

(24) Ina hat die richtige Nummer 24 sofort gefunden: „Hier steht der Maßstab für unsere Karte 1:10 000. Das spricht man so aus: „eins zu Zehntausend“. Was soll das noch mal bedeuten …? Achja! Wir müssen umrechnen, wie viel ein Zentimeter auf der Karte in Wirklichkeit in Metern ist.

Rechne den Maßstab um, bevor du weiterliest: 1 cm = ______ m in Echt.

(4) Ein Zentimeter auf der Karte entspricht 100 m in der Wirklichkeit.

(7) Ein Zentimeter auf der Karte entspricht 1000 m in der Wirklichkeit.

(25) Das ist das falsche Dorf. Lies noch einmal bei der letzten richtigen Nummer nach. Beeilung, Team Tiger rückt immer näher auf!

Meine Lesespur:

1, _____ , _____ , _____ , _____ , _____ , _____ , _____ , _____ , _____ , _____ , _____ .

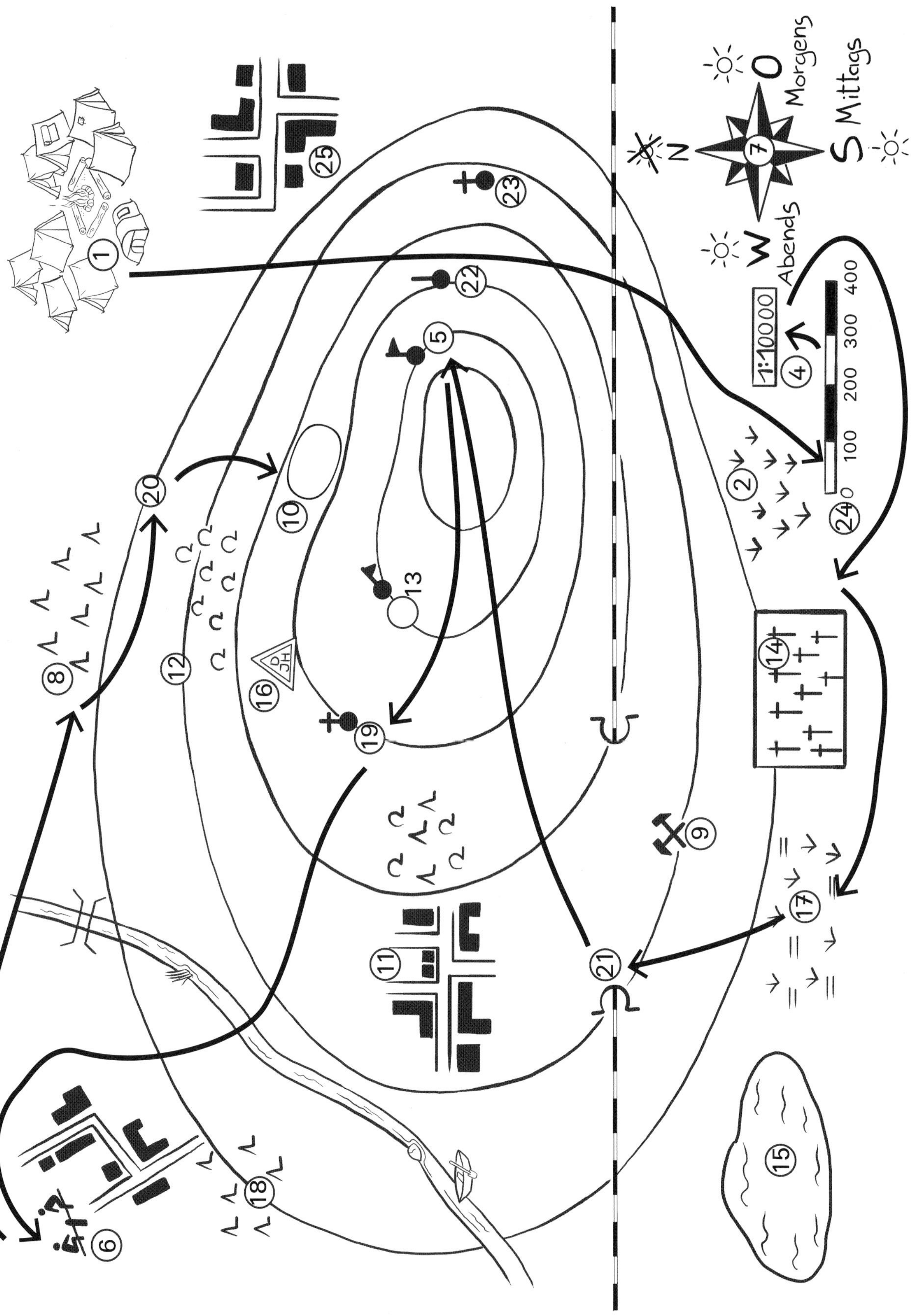

Lesespur: 1, 24, 4, 14, 17, 21, 5, 19, 6, 8, 20, 10.

Lesespurlandkarte „Auf Entdeckungstour in der Gemeinde“

Name: ______________________________ Datum: ________________

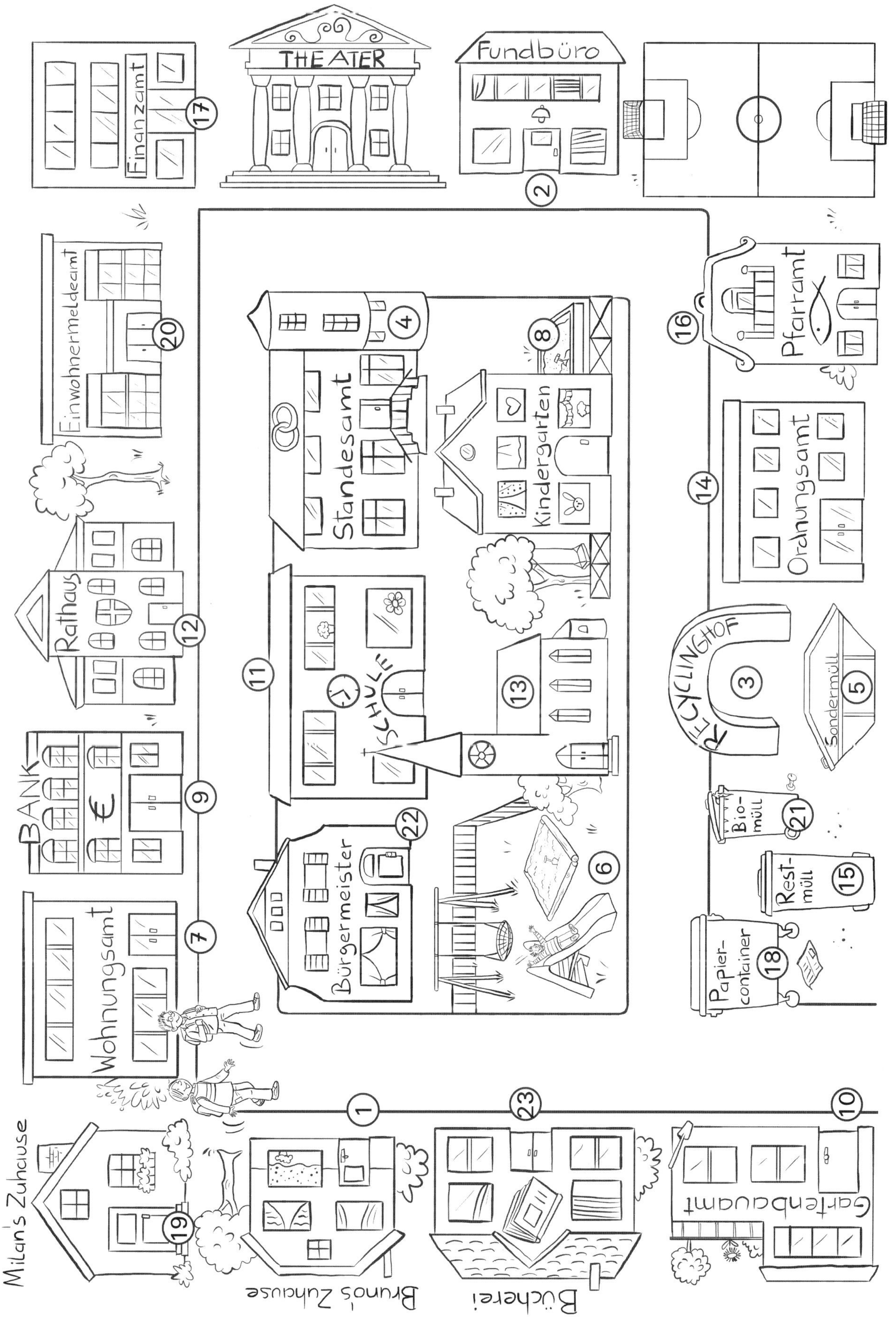

Name: ______________________ Datum: ______________

Auf Entdeckungstour in der Gemeinde

„Bruno, los, beeil dich, Milan wartet schon vor der Tür!“, fordert ihn seine Mutter auf. Bruno ist mal wieder spät dran. Ein Glück, dass er und Milan nicht mit dem Bus zur Schule fahren müssen. Sie haben nur einen kurzen Fußmarsch vor sich. Milan ist erst seit einer Woche in Brunos Klasse. Der Junge ist mitten unter dem Schuljahr umgezogen und kennt sich noch gar nicht gut aus. „Ich komme schon!“, ruft Bruno. Er greift nach seiner Schultasche, schnappt sich seine Pausenbox und rennt Milan freudig entgegen. Die beiden verstehen sich super. Schon maschieren die Freunde los und sind hinter dem nächsten Häusereck verschwunden.

Bruno

Wenn du wissen willst, was die beiden an diesem Tag zusammen erleben, beginne bei 1 mit dem Lesen. Schreibe die weiteren Nummern deiner Lesespur am Ende der Geschichte auf.

1. „Schön, dass du jetzt mit dazugehörst, Milan!“, jubelt Bruno. „Wo dazu?“, fragt Milan. „Na, zur Klasse und zur Gemeinde!“, antwortet Bruno. „Zu einer Gemeinde? Was ist das denn?“, erkundigt sich Milan.
Bruno erklärt: „Eine Gemeinde ist eine Gemeinschaft von Menschen, die an einem Ort zusammenleben. Die Mitglieder heißen Bürger oder Einwohner. Eine Gemeinde hat viele Aufgaben. Der Bürgermeister, der Gemeinde- oder Stadtrat und andere Mitarbeiter kümmern sich um die Gemeinde und die Bürger.“ „Das sind ja viele Informationen“, stellt Milan fes**t**$_{(1)}$. „Jetzt ist erstmal Unterricht. Wir rede**n**$_{(2)}$ später“, bestimmt Bruno. Die beiden betreten die Schule.

Milan

2. „Tata, das Fundbüro. Wieder richtig, Milan!“, lobt Bruno. Eine Dame winkt ihnen: „Ich habe schon auf euch gewartet. Euer neues Ziel ist kein Amt, sondern eine öffentliche Einrichtung für Kinder. Eltern bringen ihre kleinen Kinder am Tag dorthin. In einer der Ecken des Sandkastens ist euer nächster Tipp vergraben!“

3. Die zwei Kinder sind richtig auf dem Recyclinghof. Dort müssen sie die Batterien entsorgen. Frau Müller, ihre Klassenlehrerin steht vor den vier Müllcontainern im Hof: „Findet auf dem Recyclinghof die richtige Tonne für die Batterien.“

(4) Im Standesamt sind die beiden Schüler richtig. „Welche Aufgaben hat eigentlich eine Gemeinde?“, möchte Milan wissen. Bruno weiß es: „Die Gemeinde regelt in den Ämtern alle Fragen, die mit unserem täglichen Leben zu tun haben. Sie versorgt, baut und leitet zum Beispiel alle öffentliche Einrichtungen: den Kindergarten, unsere Schule, die Bücherei, Spiel- und Sportplätze, das Theater oder das Schwimmbad.“
Plötzlich steht die Standesbeamtin hinter den Freunden: „Ich habe eure neue Aufgabe: Findet das Amt, das die Geldangelegenheiten unserer Gemeinde verwaltet. Es beginnt mit dem Buchstaben F.“

(5) Milan geht zum Sondermüllcontainer. Frau Müller ist begeistert: „Ja genau! Neben Batterien müssen auch giftige Farben, Spraydosen, Chemikalienreste und Lacke in den Sondermüll.“
Bruno und Milan hatten Spaß bei ihrer Tour durch die Gemeinde. Nur, wo bleibt die Belohnung? Die beiden Schüler fragen Frau Müller. Da kommen Milans Elter**n**(7) in den Recyclinghof. Seine Mutter überreicht ihrem Sohn eine Urkunde: *Herzlichen Glückwunsch! Die Gemeinde freut sich ganz besonders dich, Milan, als neues Mitglied willkommen heißen zu dürfen.* Und Milans Vater hat einen supertollen, neuen Fußball mitgebracht. „Wer sich so gut in der Gemeinde auskennt, der findet nun sicher auch noch den Fußballplatz!“, lobt er seinen Sohn. Den kennt Milan längst.

(6) Lies noch einmal bei der letzten richtigen Nummer nach.

(7) Die beiden Freunde erreichen das Wohnungsamt. Hier beantragen Einzelpersonen und Familien Wohngeld oder lassen sich wegen einer Sozialwohnung und Miete beraten. Oh weh, wohnhaft melden können sich Milan und seine Eltern hier aber nicht. Gehe von der letzten richtigen Nummer ein Haus in die andere Richtung.

(8) Im Kindergarten spielen die Kinder gerade draußen. Kaum haben Milan und Bruno mit dem Buddeln in den Ecken des Sandkastens begonnen, kommen Kinder und helfen. „Ihhhh!“, empört sich ein Kind und hält eine Plastiktüte für Hundekot hoch. Könnte das der nächste Hinweis sein? Di**e**(6) Jungen werfen einen Blick in die Tüte. Und tatsächlich steht auf einem Zettel: *Beschwere dich bei einem Amt der Gemeinde: Zu viel Hundekot liegt in öffentlichen Sandkästen.*

(9) Falsch. Die Jungen suchen ein Amt, keine Bank.

(10) Leider falsch. Das Gartenbauamt hat andere Aufgaben. Es gestaltet die Spielplätze, pflegt die Friedhöfe, Parks und öffentlichen Plätze. Bruno und Milan müssen sich in einem anderen Amt beschweren.

(11) In der Schule verkündet ihre Lehrerin Frau Müller: „Milan und Bruno, ich habe heute nach der Schule für euch eine Sonderaufgabe. Es ist bereits alles mit euren Eltern abgesprochen.“ „Oh nein, nachsitzen“, murrt Bruno. „Nein, keine Sorge!“, erwidert Frau Müller. „Ich habe eine Entdeckungstou**r**$_{(3)}$ mit Aufgaben für Milan geplant. Und du, Bruno, darfst mit. Am Schluss erwartet euch eine Belohnung.“ Da sind beide gespannt! Zum Glück vergeht der Schultag schnell.
Schon gibt Frau Müller das Startsignal: „Die Tour beginnt vor dem Büro des Bürgermeisters. Viel Spaß!“

(12) Bruno und Milan stehen im Rathaus vor der Tür des Bürgermeisters. Bruno erklärt: „Der Bürgermeister ist der Chef der Gemeinde. Er leitet auch den Gemeinderat. Regelmäßig wählen die Bürger den Bürgermeister und den Gemeinderat. Im Rathaus findest du viele verschiedene Ämter. Aber in unserer Gemeinde haben alle Ämter ein eigenes Gebäude.“ Während Bruno redet, entdeckt Milan einen Aushang an der Bürotür. Er liest vor: *„Willkommen in der Gemeinde, Milan. Du un**d**$_{(4)}$ deine Eltern müsst euch noch als Einwohner der Gemeinde melden. Geht ein Haus weiter.“*

(13) Die Kirche liegt gegenüber dem Ordnungsamt. Lies bei Nummer 14 noch einmal genau nach, wohin die Jungen gehen sollen.

(14) Super, die Jungen beschweren sich im Ordnungsamt. Ein Beamter lobt sie: „Ihr seid richtig bei uns! Wir überwachen, ob sich die Menschen an unsere Regeln halten und alles sicher im Ort ist: Wenn jemand falsch parkt, Müll einfach irgendwo ablädt oder die Mittagsruhe nicht einhält, erinnern wir ihn daran.“ Der Mann gibt den zwei Schülern Batterien: *„Entsorgt die Batterien: Geht dazu nebenan durch einen großen Torbogen.“*

Male den Torbogen auf der Karte blau an.

(15) Die Batterien sind in der Restmülltonne verkehrt. Diese Tonne ist für Staubsaugerbeutel, Porzellan, Keramik, Asche, Windeln, kaputtes Spielzeug und den Restmüll aus dem Haushalt.

(16) Das Pfarramt ist verkehrt. Hier meldet man sich für eine kirchliche Hochzeit an. Man heiratet nicht und bekommt keine Urkunden für Geburt oder Tod.

(17) Vor dem Finanzamt wartet schon ein Mitarbeiter: „Hallo ihr zwei. Hier kümmern wir uns um das Geld der Gemeinde. Für ihre Aufgaben bekommt die Gemeinde Geld. Alle Bürger bezahlen für Wasser, Müllabfuhr, Pässe oder für das Parken. Dann gibt es noch die Steuern. Das sind Geldabgaben von den Firmen eines Orts und von den Bürgern, zum Beispiel die Hundesteuer. Und dann bekommt die Gemeinde auch noch Geld vom Bund (Deutschland) und vom Land (zum Beispiel Bayern).“
Puh ist das kompliziert! Zum Glück stellt ihnen der Mann nun die nächste Aufgabe: *Wenn du mich verlierst, dann gibt mich ein treuer Finder in diesem Amt oder Büro ab.*

(18) Oh weh! Entsorge die Batterien richtig. Papiermüll besteht zum Beispiel aus Zeitungen, Werbung, Zeitschriften, Heften oder losen Papierblättern.

(19) Die beiden Jungen stehen vor Milans Zuhause. Sie sind hier aber falsch. Lies noch einmal in Ruhe Nummer 17.

(20) Bruno und Milan stehen vor dem Einwohnermeldeamt. „Hier melde ich mich also mit meinen Eltern an“, meint Milan. „Genau“, antwortet Bruno. „Dein Kinderpass bekommt eine neue Adresse und wenn du einen neuen Pass oder einen Reisepass brauchst, musst du den auch hier beantragen.“

Die beiden Jungen suchen nach dem nächsten Hinweis an der Tür. Aber da ist nicht**s**(5). „Du stehst darauf!“, lacht Milan. Der neue Tipp liegt auf der Fußmatte: *Das gesuchte Amt ist zuständig für Hochzeiten. Außerdem stellt es Geburts-, Ehe- und Sterbeurkunden aus.*

(21) Oh, das ist der falsche Müllcontainer. Batterien dürfen niemals in den Biomüll.

(22) Bruno und Milan haben sich geirrt. Sie stehen vor dem Wohnhaus des Bürgermeisters. Während der Arbeitszeit ist er nicht dort. Gehe zurück zu Nummer 11.

(23) Leider falsch. Hier in der Bücherei können alle Bürger der Gemeinde Bücher, Zeitschriften und CDs ausleihen. Gehe zurück zur letzten richtigen Nummer.

Meine Lesespur:

1

____, ____, ____, ____, ____, ____, ____, ____, ____, ____, ____, ____.

Name: ______________________ Datum: ______________

Auf Entdeckungstour in der Gemeinde

„Bruno, los, beeile dich, Milan wartet schon vor der Tür!“, fordert ihn seine Mutter auf. Bruno ist mal wieder spät dran. Ein Glück, dass er und Milan nicht mit dem Bus zur Schule fahren müssen, sondern täglich nur einen kurzen Fußmarsch vor sich haben. Milan ist erst seit einer Woche in Brunos Klasse. Der Junge ist mitten unter dem Schuljahr zugezogen und kennt sich noch gar nicht gut in seiner neuen Umgebung aus. „Ich komme schon!“, antwortet Bruno. Er greift nach seiner Schultasche, schnappt sich seine Pausenbox und rennt Milan freudig entgegen. Die beiden verstehen sich super und sind schon richtige Freunde geworden. Sogleich sind die Jungen hinter dem nächsten Häusereck verschwunden und marschieren schnellen Schrittes zu ihrer Grundschule.

Bruno

Wenn du wissen willst, was die beiden zusammen erleben, beginne bei 1 mit dem Lesen. Schreibe die weiteren Nummern deiner Lesespur am Ende der Geschichte auf.

(1) „Schön, dass du jetzt mit dazugehörst, Milan!“, jubelt Bruno. „Wo dazu?“, erkundigt sich Milan. „Na, zur Klasse und zu unserer Gemeinde!“, antwortet Bruno. „Zu einer Gemeinde? Was ist das denn?“, erkundigt sich Milan neugierig.
Bruno erklärt: „Eine Gemeinde ist eine Gemeinschaft von Menschen, die an einem Ort oder mehreren Orten zusammenleben. Die Mitglieder einer Gemeinde heißen Bürger oder Einwohner. Eine Gemeinde hat viele Aufgaben. Ein Bürgermeister, ein Gemeinde- oder Stadtrat und hauptamtliche Mitarbeiter kümmern sich um die Gemeinde und alle ihre Bürger.“ „Das sind ja ganz schön viele Informationen“, stellt Milan fes**t**$_{(1)}$. „Jetzt ist erst einmal Deutschunterricht. Wir rede**n**$_{(2)}$ dann später!“, bestimmt Bruno. Die beiden betreten die Schule.

Was sind Bruno und Milan? Um das Lösungswort zu finden, musst du alle fettgedruckten Buchstaben in der richtigen Reihenfolge in die Kästchen am Ende der Geschichte schreiben.

Milan

(2) Die Kinder haben große Freude an ihrer Rallye. „Wieder richtig, Milan!“, lobt Bruno. Am Fundbüro angekommen, winkt ihnen die Dame vom Schalter zu: „Ich habe schon auf euch gewartet. Euer neues Ziel ist kein Amt, sondern eine Einrichtung für Kinder. Damit meine ich aber nicht die Schule. Die Kinder, die dort von morgens bis abends betreut werden, sind jünger als Schulkinder. In einer der Ecken des Sandkastens ist euer neuer Tipp vergraben. Los geht`s!“

(3) Die zwei Kinder haben den Hinweis erneut ohne Probleme verstanden. Die Batterien müssen natürlich auf dem Recyclinghof entsorgt werden. Als sie den Recyclinghof betreten, sehen sie auch schon Frau Müller, ihre Klassenlehrerin vor vier Müllcontainern stehen. Sie winkt Bruno und Milan zu sich. In der anderen Hand hält sie einen Zettel, auf dem fett geschrieben steht: *Finde auf dem Recyclinghof die richtige Tonne zum Entsorgen der Batterien.*

(4) Im Standesamt sind die beiden Schüler genau richtig. „Welche Aufgaben hat eigentlich eine Gemeinde?“, möchte Milan wissen.
Bruno, der gut im Sachunterricht aufgepasst hat, antwortet: „Die Gemeinde regelt in den verschiedenen Ämtern alle Fragen, die mit unserem täglichen Leben zu tun haben. Sie kümmert sich zum Beispiel um die öffentlichen Einrichtungen wie den Kindergarten, unsere Schule, die Bücherei, Spiel- und Sportplätze, das Theater oder die Schwimmbäder. Die Gemeinde baut, renoviert und versorgt das alles.“
„Bravo!“, applaudiert die Standesbeamtin. Die Jungen haben sie gar nicht kommen hören. „Euer Gespräch passt super zu eurer nächsten Aufgabe: *Woher bekommt die Gemeinde das Geld dafür? Findet das Amt, das sich um die Finanzen einer Gemeinde kümmert.*“

(5) Die Batterien sollen unbedingt in den Sondermüll. In den Sondermüllcontainer müssen neben Batterien außerdem giftige Farben, Spraydosen, Chemikalienreste und Lacke. Bruno und Milan hatten jede Menge Spaß bei ihrer Erkundungstour. Milan fühlt sich jetzt schon zu Hause und freut sich, dass Bruno sein Freund geworden ist. Nur, wo bleibt die versprochene Belohnung?
Die beiden Schüler rennen zurück zu Frau Müller, um sich danach zu erkundigen. Jetzt lacht Frau Müller. Milans Elter**n**(7) kommen hinter den Containern hervor und seine Mutter überreicht ihrem Sohn stolz eine Urkunde, auf der steht: *Herzlichen Glückwunsch! Die Gemeinde freut sich ganz besonders dich, Milan, als neues Mitglied willkommen heißen zu dürfen.* Milans Vater hat auch noch eine Belohnung: einen super coolen, neuen Fußball. „Wer sich so gut in der Gemeinde auskennt, der findet nun sicher auch noch den Fußballplatz!“, lobt er seinen Sohn. Daran hat keiner einen Zweifel.

(6) Obwohl es hier einen Sandkasten gibt, würden Bruno und Milan auf dem Spielplatz umsonst graben. Lies noch einmal bei der letzten richtigen Nummer nach.

(7) Die beiden Freunde haben das Wohnungsamt erreicht. Hier können Einzelpersonen und Familien Wohngeld beantragen und sich wegen einer Sozialwohnung und der Miete beraten lassen. Wohnhaft melden können sich Milan und seine Eltern hier aber nicht. Gesucht ist ein anderes Amt.

(8) Die beiden Jungen befinden sich im Garten des Kindergartens und beginnen sogleich mit dem Graben im großen Sandkasten. „In einer der Ecken sollen wir den nächsten Anhaltspunkt finden, oder?“, versichert sich Bruno bei Milan. „Ja, so habe ich es auch verstanden!“, antwortet ihm dieser. Puh, da haben die beiden ja ganz schön was vor. Aber kaum haben sie mit dem Buddeln begonnen, kommen mehrere Kindergartenkinder und helfen ihnen mit ihren Schaufeln beim Wühlen und Suchen im Sand.
„Ihhhh!“, empört sich eines der Kinder und hält dabei eine leere Auffangtüte für Hundekot in die Höhe. Könnte das der nächste Hinweis sein? Di**e**(6) Jungen wagen einen Blick in das Innere der Tüte. Und tatsächlich: Darin steckt ein gelbes Schreiben. *Beschwere dich über zu viel Hundekot in öffentlichen Sandkästen. Finde das geeignete Amt.*

(9) Auch die Bank hat mit Geld zu tun. Bruno und Milan wollen aber zu dem Amt, das sich in der Gemeinde um die Finanzen kümmert. Denke noch einmal genau nach.

(10) Gut überlegt, aber die beiden Schüler erhalten hier keinen weiteren Hinweis. Sie sind verkehrt. Das Gartenbauamt ist zuständig für die Neu- und Umgestaltung von Spielplätzen und für die Pflege von Friedhöfen, Parks und öffentlichen Plätzen. Bruno und Milan müssen ihre Beschwerde in einem anderen Amt vorbringen.

(11) Frau Müller, ihre Lehrerin, wirft den Spätankömmlingen einen strengen Blick zu. „Heute habe ich für euch beide nach der Schule noch eine Sonderaufgabe. Es ist bereits alles mit euren Eltern abgesprochen“, gibt sie gleich zu Beginn der ersten Unterrichtsstunde bekannt. „Oh nein, nachsitzen. Na prima!“, murrt Bruno. „Nein, nein, keine Sorge!“, erwidert Frau Müller. „Ich habe in Absprache mit der Gemeinde eine Entdeckungstou**r**$_{(3)}$ für Milan organisiert. Und du darfst ihn dabei begleiten. Mehrere Aufgaben und Fragen gilt es dabei zu beantworten. Und am Schluss wartet natürlich eine Belohnung auf euch. Die Rallye beginnt nach Unterrichtsende vor dem Büro des Bürgermeisters.“

(12) Bruno und Milan stehen im Rathaus. Genauer gesagt vor der verschlossenen Bürotür des Bürgermeisters. Bruno erklärt: „Der Bürgermeister ist der Chef der Gemeindeverwaltung. Er leitet auch den Gemeinderat. Regelmäßig werden der Bürgermeister und der Gemeinderat gewählt. In einem Rathaus findest du viele verschiedene Ämter. In unserer Gemeinde haben alle Ämter ein eigenes Gebäude.“
Während Bruno redet, wird Milan auf den Aushang an der Bürotür aufmerksam. Er liest vor: *„Milan, du un**d**$_{(4)}$ deine Eltern müsst euch noch als neue Einwohner der Gemeinde melden. Gehe ein Haus weiter, um zu sehen, wo ihr euch anmelden könnt.“*

(13) Durch einen Torbogen können die zwei Freunde beim Betreten der Kirche gehen, da hast du Recht. Ein bestimmtes Wort im Hinweis verrät dir aber, dass die Jungen in der Kirche schräg gegenüber dem Ordnungsamt falsch sind. Lies bei der letzten richtigen Nummer noch einmal genau nach.

(14) Die Jungen beschweren sich im Ordnungsamt. Denn die Aufgabe des Ordnungsamts ist es, Gefahren abzuwehren und für die öffentliche Sicherheit und Ordnung zu sorgen. Es kümmert sich um das Falschparken in der Gemeinde, um das verbotene Abladen von Müll, um das Einhalten der Mittagsruhe und vieles mehr.
„Die hat uns jemand versehentlich abgegeben!“ Die Mitarbeiterin des Ordnungsamtes reicht den Jungen alte Batterien. *„Geht mit den Batterien nebenan durch einen großen Torbogen und entsorgt sie ordnungsgemäß.“*

Male den Torbogen auf der Karte blau an.

(15) Die Batterien, die die Schüler mitgebracht haben, sind in der Restmülltonne verkehrt. Diese Tonne ist für Staubsaugerbeutel, Porzellan, Keramik, Asche, Windeln, kaputtes Spielzeug und den Restmüll aus dem Haushalt. Überlege noch einmal ganz genau.

(16) Die beiden Freunde stehen nun direkt vor dem Pfarramt. Hier legt man zwar seine kirchliche Heirat fest. Jedoch werden hier weder Geburts-, Ehe- noch Sterbeurkunden ausgestellt. Das Pfarramt ist also verkehrt.

(17) Der Mitarbeiter von der Finanzverwaltung freut sich, dass Bruno und Milan so schnell den Weg zu ihm gefunden haben und erklärt: „Für all ihre Aufgaben bekommt die Gemeinde Geld. Erstens müssen die Bürger für Wasser, Müllabfuhr, Pässe oder für das Parken Gebühren an uns bezahlen. Dann gibt es zweitens die Steuern. Das sind Geldabgaben von den Firmen eines Ortes und von den Bürgern (zum Beispiel die Hundesteuer). Und drittens bekommt die Gemeinde auch noch Gelder vom Bund (Deutschland) und vom Land (zum Beispiel Bayern).“
Ist das kompliziert! Sie sind erleichtert, als der Mann Milan einen gefalteten Zettel mit der nächsten Aufgabe überreicht: *Wenn du mich – deinen Geldbeutel – verlierst, dann gibt mich ein treuer Finder in diesem Amt oder öffentlichen Büro ab.*

(18) Die Jungen stehen mit den Batterien vor dem Papiercontainer. Oh weh, in diesem Müll dürfen die Batterien unter keinen Umständen landen! Papiermüll besteht aus Prospekten, Zeitungen, Zeitschriften, losem Büro- und Schreibpapier und Heften. Entsorge die Batterien richtig.

(19) Die beiden Jungen stehen vor Milans Haustür. Auch hier könnte ein treuer Finder Milans Geldbörse abgeben. Vorausgesetzt, er hat in Milans Geldbörse die Adresse ausfindig gemacht. Da die Freunde aber ein entsprechendes Amt oder Büro finden sollen, können sie vor Milans Haus keinen weiteren Hinweis aufspüren. Sie sind hier falsch.

(20) Bruno und Milan stehen vor dem Einwohnermeldeamt. Milan weiß nun, wo er und seine Eltern sich anmelden können. Das Amt ist zuständig für eine Vielzahl an Passangelegenheiten.
Dieses Mal achten die beiden Jungen sofort auf den Aushang an der Tür. Aber es ist nicht**s**(5) Brauchbares zu entdecken. „Du stehst darauf!", lacht Milan. Tatsächlich, der neue Tipp steht auf der Fußmatte: *Das gesuchte Amt ist zuständig für Hochzeiten und stellt neben Geburtsurkunden auch Ehe- und Sterbeurkunden aus.*

(21) Oh, das war der falsche Müllcontainer. Batterien dürfen niemals im Biomüllbehälter entsorgt werden. Denke hier noch einmal ganz genau nach.

(22) Hier hast du dich geirrt. Bruno und Milan stehen vor dem Zuhause des Bürgermeisters. Sein Büro, in dem er während seiner Arbeitszeit anzutreffen ist, ist hier nicht zu finden. Gehe zurück zu Nummer 11.

(23) Leider falsch. Hier in der Bücherei können alle Bürger der Gemeinde Bücher, Zeitschriften und CDs ausleihen. Gehe zurück zur letzten richtigen Nummer.

Mein Lösungswort:

___(1)	___(2)	___(3)	___(4)	___(5)	___(6)	___(7)

Meine Lesespur:

1, ___ , ___ , ___ , ___ , ___ , ___ , ___ , ___ , ___ , ___ .

Lösung „Auf Entdeckungstour in der Gemeinde“

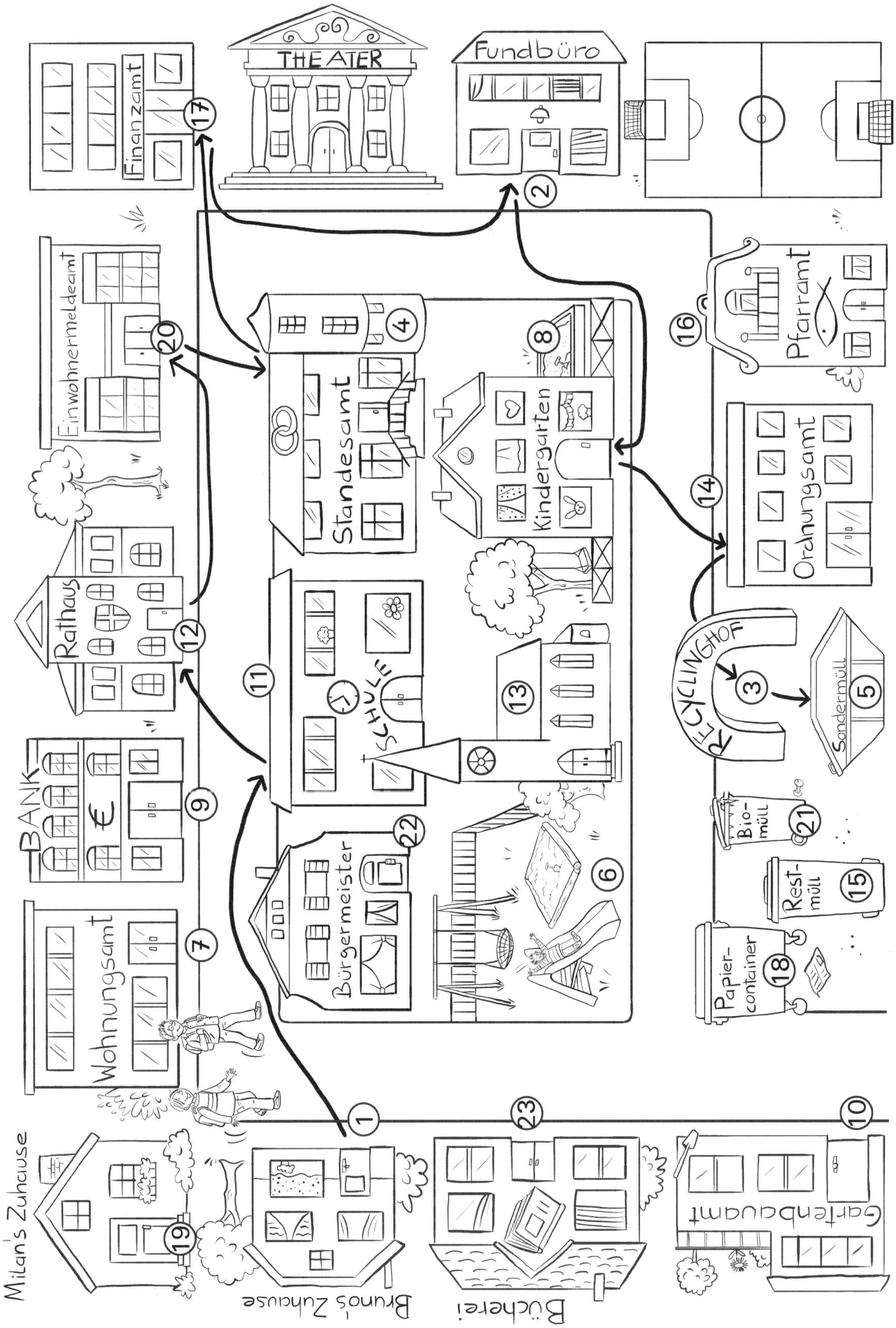

Lesespur: 1, 11, 12, 20, 4, 17, 2, 8, 14, 3, 5.

Lösungswort:

F(1)	R(2)	E(3)	U(4)	N(5)	D(6)	E(7)